광야훈련학교

광야 훈련학교

지현호

홍해를 건너고 광야를 통과하는 방법

규장

추천사

광야를 걷는 독자들에게 오아시스가 되어주는 책

사랑하는 지현호 선교사님을 알게 된 지 벌써 20여 년이 되었습니다. 2004년, 캐나다에 유학을 갔을 때 같은 지역에서 공부하던 지현호 선교사님을 만나 지금까지 동역해 오고 있습니다. 영어예배 사역과 청년 사역을 할 때도 늘 함께했고, 제가 교회를 개척한 후에도 함께 공동체를 세워가고 있습니다.

지현호 선교사님과 그 가정이 지나온 광야의 시간을 저는 누구보다 잘 알고 있습니다. 여전히 그 길을 묵묵히, 때론 터벅터벅 걷고 있습니다. 자신도 가진 것이 많지 않지만, 늘 주변을 돌아보고 기꺼이 나누는 선교사님의 모습에서 깊은 감동을 받습니다.

곁에서 지켜본 그는 마치 외줄 위를 걷는 인생처럼 살아갑니다. 그렇게 사는 이유는 단 하나, 주님만을 신뢰하며 부르심의 길을 붙들고 있기 때문이라 믿습니다. 건강이 극도로 좋지 않을 때도 목숨을 걸고 집회 장소로 향했고, 마치 인생 마지막 집회인 듯 온 힘을 다해 섬겼습니다.

건강을 회복한 지금은 더 넓은 지경에서 사역을 펼치며, 현장과 더불어 책을 통해서도 광야를 걷는 이들에게 어떻게 걸어야 할지를 도전하고 자신의 삶을 통해 깊은 위로를 건넵니다. 이 책을 통해 광야를 걷는 독자들이 오아시스와 같은 위로의 냉수를 마시게 되리라 믿습니다.

김영한 목사 | 품는교회 담임, Next세대 Ministry 대표

깊은 진리의 송액이 흘러나오는 생명의 스토리

책을 읽는 내내 지현호 목사님의 말투가 그대로 묻어났다. 그의 말투는 투박하다. 그러나 꾹꾹 눌러 담은 말에서는 깊은 진리의 송액이 흘러나온다. 인생의 상처에서 나온 진액이리라. 하나님이 그 상처를 내셨고, 그분이 뽑아내는 수액은 어떤 영혼도 이어 붙일 힘이 있다.

《광야훈련학교》를 읽다 보면 역설적으로 풍성하게 피어나, 담장을 넘어가는 가지를 만나게 된다. 지현호 선교사님의 울부짖음은 하나님의 귀에는 달콤한 노랫소리로, 달려오지 않을 수 없는 아버지를 향한 아이의 칭얼거림으로 들렸을 것이다. 그래서 그의 기도에는 힘이 있다. 그의 문체에는 생명이 느껴진다.

책을 다 읽고 덮었지만, 생각은 덮어지지 않는다. 하나님이 지현호 선교사님에게 하신 일을 보면, 나에게도 하실 것이라는 기대가 차오른다. 이 책을 읽는 모두가 이 세상 어떤 부흥보다도 나를 사랑하시는 그분을 만나길 바란다.

박찬열 목사 | 노크교회 담임

하나님 앞에 엎드린 날들의 열매와도 같은 이야기

지현호 선교사님을 처음 뵌 것은 2013년 초였습니다. 어느덧 함께한 시간이 횟수로 13년째에 접어들었습니다. 당시 선교사님은 캐나다에서 신학과 동원 선교 사역을 마치고 한국으로 돌아왔을 때였고, 저는 대구의 한 교회에서 영어예배를 섬기고 있었습니다.

교제를 나누는 3년 동안 저는 선교사님의 모습에서 성경 속 세례 요한을 자주 떠올리곤 했습니다. 말씀을 전할 때마다 사람들의 눈치를 보지 않고 어떤 타협도 없이 하나님께서 주신 메시지를 담대하게 선포했기 때문입니다. 대상이 장년이든, 청년이든, 주일학교 어린이든 상관없이, 그의 말씀에는 강력한 성령의 감동과 회개의 불꽃이 담겨 있었고, 그 울림은 결코 가볍지 않았습니다.

또한 그가 가진 것이 아무것도 없던 시절에도 하나님께서 뜻밖의 물질을 공급하시는 장면을 곁에서 여러 차례 목격했습니다. 그러나 더 깊은 감동은, 그렇게 받은 것을 결코 자신을 위해 쌓아두지 않고, 하나님께서 마음을 주시면 주저 없이 다른 사역자나 선교사에게 흘려보냈다는 것입니다. 이 책에서 "광야에서 천국의 사고방식을 배운다"라는 말은 바로 이러한 삶의 요약이라 생각합니다.

출애굽한 이스라엘 백성이 광야에서 만나를 공급받았을 때 어떤 사람들은 내일을 대비해 그것을 저장했지만, 다음 날이 되면 그 쌓은 것은 다 썩고 말았습니다. 일용할 양식을 믿음으로 받은 자는 내일을 염려하기보다 오늘 굶주린 이웃을 먼저 생각합니다. 거저 받았기에 거저 줄 수 있고, 모든 것이 하나님의 것임을 알기에 청지기로서 나누는 겁니다. 말로는 쉽지만, 실제로는 참 어렵습니다.

그런 의미에서 이 책은 단순히 성경 말씀을 해석하거나 설명하는 데 그치지 않습니다. 지현호 선교사님이 자신의 삶으로 말씀을 증명한 간증이자 말씀을 온전히 살아낸 '설교 그 자체'입니다.

2015년에 저는 푸른숲교회(서울 신림동)에 부임하였고, 2016년부터 지현호 선교사님을 협력 선교사로 공식 파송하였습니다. 국내 선교임에도 선교사님의 삶을 깊이 알고 있었고 성도들 역시 그의 설교와 교제를 통해 큰 감동을 받았기에 전 성도의 만장일치로 기쁘게 파송할 수 있었습니다.

지난 10년간 건강과 물질의 어려움, 선교회의 방향성을 둘러싼 깊은 내적 갈등 속에서도 선교사님은 늘 코람데오(하나님 앞에서)의 자세로 걸었습니다. 그 모든 시간은 또 하나의 광야였다고 고백할 수 있을 것입니다. 그러나 그 광야의 시간을 지나며, 협력교회와 한국 교회를 위해 눈물로 기도하고 말씀을 붙들고 설교하며 하나님 앞에 엎드린 날들의 열매가 바로 이 책이라 확신합니다.

이 책을 통해 독자 여러분도 광야에서 울리는 하나님의 음성과 그 음성에 순종한 한 사람의 삶을 깊이 만나게 되는 은혜를 누리시길 기도합니다.

박훈 목사 | 푸른숲교회 담임

방황하는 세대를 안내할 은혜의 길잡이

인간의 생각으로는 이해할 수 없지만, 하나님께서는 아끼고 사랑하는 종들일수록 광야훈련학교로 보내어 훈련 시키는 것을 기뻐하십니다. 표면적으로 볼 때 광야는 고통의 장소지만 광야의 이면에는 하나님의 놀라운 믿음의 비밀이 숨겨져 있습니다. 인간의 힘으로는 생존할 수 없기에 일용할 양식조차 하나님께 의존해서 살아가야 하는 곳, 인간의 연약함이 가장 잘 드러나는 곳이기에 하나님의 강함만이 대안이 되는 것을 실존적으로 경험하는 곳이 인생의 광야입니다.

지현호 선교사님은 광야의 쓰라림을 누구보다도 깊이 경험한 사람으로, 인생의 광야를 통과하기 위한 신앙의 전략을 말씀의 원리와 자신의 개인적 경험을 통해 진솔하면서도 생생하게 전달합니다.

이 책은 고난의 모래 언덕에서 길도, 인생의 목표도 잃어버린 방황의 세대에게 은혜의 길잡이가 되어줄 것입니다. 지금 절망과 메마름의 땅에서 방황하고 있다면 이 책을 꼭 추천해드리고 싶습니다. 뜨거운 광야 한복판, 숨조차 쉴 수 없을 것 같은 상황 속에서 숨통이 트이고 믿음의 관점과 영적 정체성이 회복되는 놀라운 경험을 하게 될 것입니다.

함윤길 목사 | 바위샘교회 담임

감사의 글

～

이 책이 세상에 나오기까지 베풀어주신 모든 은혜와 사랑에 깊은 감사를 드립니다.

먼저 저를 여기까지 인도하시고 모든 과정을 주관하신 하나님께 감사와 영광을 올려드립니다. 하나님께서 보내주신 수많은 주님의 백성들이 저를 도와주었고, 그분들을 통해 하나님의 사랑을 경험할 수 있었습니다.

사랑하는 나의 가족에게 감사를 전합니다. 그 어려운 삶 가운데서도 늘 신실하게 기도해주신 어머니 주현순 선교사님, 수많은 어려움 가운데서도 잘 자라준 샘과 에스더, 매일 예배당에서 기도해주신 장인어른과 장모님, 또한 우리 가정의 필요를 아낌없이 채워주며 사랑해준 형님과 처남 부부에게 진심으로 감사드립니다.

광야 기간 우리 가정에 아낌없는 후원과 삶의 모범이 되어주신 유콘의 김광수·조한란 선교사님 부부, 캐나다에서 주님의 마음으로 저희 가정을 섬겨주셨던 고(故) 최종명·오순애 목사님 부부, 〈밴쿠버 사랑하는 사람들〉의 장화식 권사님과 성도님들에게도 감사를 드립니다. 목사안수를 받기까지 많은 섬김과 사랑을 아끼지 않으신 올리브교회의 박래성 목사님과 성도님들에게도 감사를 드립니다. 캐나다에서 본부선교사로 섬겼던 굿프렌즈 선교회 이사장님과 이사님들에게도 감사를 드립니다.

월요 독서, 성경 연구 모임과 화요 목회자 성경연구원에서 늘 저의 엘림이 되어주셨던 벨링햄 화평교회 김기복 목사님, 박진환 목사님, 김은철 목사님, 모처의 선교지에서 사역하시는 두 분의 선교사님에게도 감사를 전합니다. 특히 이 책이 나오는 데 큰 인사이트를 준 목회자 성경연구원의 박승호 원장님과 〈고통의 신학〉 담당 교수님이셨던 Dr. Phil Zylla에게도 감사를 전합니다.

캐나다에서 무명이었던 저를 지금까지도 섬기며 동역해주시는 품는교회 김영한 목사님에게도 깊은 감사를 드립니다. 이 외에도 우리 가정을 사랑해주시고 늘 응원해주신 박충우 목사님 가정, 밴쿠버 코스타에서 만난 운영위원 목사님들과 전도사님, 선교사님들에게도 감사드립니다.

학비와 의료비 등 여러 가지로 저를 도와주셨던 김봉현 장로님과 박경희 권사님, 지금도 무상으로 저희에게 12년 동안 대구 거처를 제공해주고 계시는 이병헌·김영희 권사님 부부에게도 감사를 드립니다. 또한 10년 이상 선교사 안식관 사역과 제 치료를 도와주고 계신 김현수, 강현숙 권사님에게도 감사를 드립니다.

이 외에도 올리브선교회와 협력하고 계시는 목사님들, 기도와 물질로 후원해주시는 모든 동역자 여러분께도 감사를 전합니다. 부족한 저를 끝까지 지지하고 응원해주시는 여러분 덕에 여기까지 올 수 있었습니다.

이 책이 나오기까지 수고를 아끼지 않은 규장출판사의 여진구 대표님과 편집팀에게도 감사를 드립니다. 책의 추천사로 섬겨주신 박훈, 박찬열, 함윤길 목사님에게도 다시 한번 감사를 드립니다.

마지막으로 내 인생에 하나님의 가장 큰 선물인 아내에게 감사를 전합니다. 아내를 볼 때마다 예수님의 향기가 느껴집니다. 늘 지지해주고 함께하며 용기를 주는 기도의 용사, 아내 유승정에게 사랑과 감사를 전합니다.

  이 글에서 미처 언급하지 못한 모든 분에게도 진심으로 감사를 드립니다. 직접 이름을 거론하지 못했지만, 기도와 격려, 물질적 후원과 영적 지원으로 함께해주신 모든 교회와 선교단체, 개인 후원자들, 그리고 작은 관심과 사랑으로라도 이 사역에 동참해주신 모든 분의 은혜를 결코 잊을 수 없습니다. 여러분 모두가 하나님께서 제게 보내주신 천사입니다.

  이 모든 사랑과 은혜가 주님의 영광을 위해 사용되기를 간절히 기도합니다. 하나님의 나라 확장과 복음 전파를 위해 함께 달려온 모든 동역자와 함께 주님 앞에 서는 그날까지 충성을 다하겠습니다.

> 나는 심었고 아볼로는 물을 주었으되 오직 하나님께서 자라나게 하셨나니
> 고전 3:6

다시 한번, 모든 분께 깊은 감사를 드립니다.

추천사
감사의 글
프롤로그

1부 광야 입성 : 변화의 시작

1장 광야로의 부르심 22
막다른 길에서 발견하는 하나님의 길

2장 왜 광야인가 48
고난이 품은 축복의 비밀

2부 광야의 시험 : 믿음의 단련

3장 쓴물에서 단물로 66
실망이 회복으로 바뀌는 순간

4장 일용할 양식의 교훈 87
하루를 사는 믿음의 법칙

5장 목마름 속의 은혜 108
절망의 바위에서 솟아나는 생명

차례

3부 광야의 전투 : 승리의 비결

6장 기도의 손, 믿음의 칼 128
  하늘과 땅이 함께하는 영적 전투

7장 함께하는 리더십 143
  한 사람이 아닌 공동체의 힘

4부 광야의 정체성 : 새로운 부르심

8장 당신은 누구인가 162
  보배, 제사장, 거룩한 나라

에필로그
실천 워크북

프롤로그

광야,
천국의 사고방식을 배우는 곳

역설의 광야에서 발견한 은혜

2004년 여름, 캐나다행 비행기에 올랐을 때 저는 하나님의 계획을 알 수 없었습니다. 목사가 되라는 부르심은 분명했지만, 영어를 가장 못하는 제가 왜 하필 영어권 나라에서 신학을 공부해야 하는지 도무지 이해할 수 없었습니다.

트리니티 신학대학원에서의 5년 8개월은 제 인생 최대의 시련이었습니다. 영어로 헬라어를 배우는 것은 악몽이었고, 히브리어로 요나서를 공부할 때는 죽고 싶었습니다. 로고스 바이블 프로그램 사용법마저 영어로 익혀야 했을 때 저는 완전히 무너졌습니다.

가장 두려웠던 것은 토론 시간이었습니다. 다른 학생들이 활발히 의견을 나눌 때, 저만 혼자서 입을 다물고 침묵할 수밖에 없었습니다. 한국에서는 나름 똑똑하다고 생각했던 제가 캐나다에서는 바보가 된 것 같았습니다. 자존심은 바닥에 떨어졌고, 지능도 어린아이 수준으로 떨어진 것 같았습니다.

그러나 하나님은 바로 그 밑바닥에서 저를 다시 세우셨습니다. 영어 설교 두 편을 교수님 앞에서 발표해야 할 때, 온라인 커플 상담 자격증을 취득해야 할 때, 저는 오직 하나님의 도우심만을 의지할 수밖에 없었습니다. 매일 새벽에 울며 기도했고, 하나님은 그때마다 작은 기적들로 응답하셨습니다.

특별히 매주 월요일의 성경 연구 모임과 화요일 저녁의 목회자 성경연구원에서 진행된 출애굽기 집중 세미나는 광야의 엘림 같은 쉼터가 되었습니다. 그곳에서 출애굽기를 통해 인생을 조명하는 깊이 있는 성경 연구를 경험하며, 제 인생의 광야가 얼마나 귀한 훈련 시간인지 깨닫게 되었습니다.

이 세미나에서 받은 통찰은 이 책의 기본 골격을 형성하는 데 결정적인 영향을 미쳤습니다. 물론 그 후 목회 현장에서 수년간 끊임없이 설교하고 강의하며 내용을 다듬고 보완해온 결과물이 바로 이 책입니다. 세미나에서 얻은 영감을 토대로, 실제 목회와 상담 사역을 통해 만난 수많은 광야의 경험들이 더해져 완성된 것입니다.

특히 트리니티 신학대학원에서 배운 '고통의 신학'(Theology of Suffering) 수업은 제 삶의 전환점이 되었습니다. 그동안 하나님이 선하신 분이라면 왜 이런 고통을 허락하시는지 이해할 수 없었지만, 이 수업을 통해 고통이 가진 구속사적 의미를 발견하게 되었습니다.

욥기와 시편의 탄식시, 그리고 예수님의 십자가 고난을 통해 고통 속에서도 하나님의 선하심을 신뢰하는 법을 배웠습니다. 아버지의 죽음, 어머니의 수술, 동생의 사고사, 언어의 장벽과 같은 제 개인적인 고통 모두가 하나님의 더 큰 계획 안에서 의미를 가질 수 있음을 깨달았습니다.

방학이면 집 앞 강가에 앉아 한글 성경과 신앙 서적을 읽으며 메마른 영혼을 채웠습니다. 이 시간들이 모여 후에 제가 섬기는 이들의 고통을 이해하고 위로하는 밑거름이 되었습니다.

돌이켜보면 하나님의 방법은 언제나 역설적이었습니다. 제 약점이 가장 드러나는 곳으로 저를 보내셨고, 제가 가장 넘어지기 쉬운 곳에서 일으키셨습니다. 영어를 못하는 저를 영어권 신학교로, 내성적인 저를 상담 사역으로, 말주변 없는 저를 설교자로 부르셨습니다.

이후에도 광야는 계속되었습니다. 단기 선교사로 섬길 때는 문화 충격과 재정 압박, 목회자가 된 후에는 관계의 어려움과 사역의 무게가 저를 눌렀습니다. 때로는 "왜 하필 저입니까?"라며 울부짖었지만, 그때마다 하나님은 광야가 저주 아닌 축복의 통로임을 보여주셨습니다.

이 책의 목적

제가 이 책을 쓰게 된 이유는 독자 여러분이 얻게 될 세 가지 소중한 유익 때문입니다.

첫째, 자신의 고난을 성장의 기회로 바라보게 됩니다.

지금 겪고 있는 어려움이 실패나 저주가 아니라 하나님의 특별한 훈련 과정임을 깨닫게 될 것입니다. 이스라엘 백성이 광야 생활을 통해 하나님의 백성으로 빚어졌듯이, 당신도 현재의 광야에서 하늘의 일꾼으로 성장하고 있습니다. 이 책을 통해 당신의 상황을 '천국의 사고방식을 배우는 학교'로 새롭게 이해하게 될 것입니다.

둘째, 단순한 신앙인에서 영향력 있는 제사장으로 변화됩니다.

교회에서 받기만 하는 소비자적 신앙에서 벗어나, 일상에서 중보하고 섬기는 '왕 같은 제사장'으로서의 정체성을 회복하게 됩니다. 출애굽기와 베드로전서의 말씀과 생생한 간증들을 통해, 직장과 가정에서 하나님의 임재를 전하는 구체적인 방법들을 배우게 될 것입니다.

셋째, 어디에 있든 확고한 영적 정체성을 갖게 됩니다.

특히 낯선 땅에서 살아가는 디아스포라 한인들과 다음세대에게 이 책은 영적 나침반 역할을 할 것입니다. 문화적 혼란 속에서도 흔들리지 않는 정체성의 확신과 명확한 사명 의식을 갖게 되어, 어느 곳에서든 하나님의 대사로 당당히 살아갈 수 있게 될 것입니다.

이 책의 특징과 활용법

첫째, 성경과 삶의 만남을 추구했습니다.

출애굽기부터 신명기, 시편을 거쳐 베드로전서까지, 성경의 맥을 따라가며 광야의 의미를 탐구합니다. 동시에 군대 훈련, 유학생 전도, 가정 갈등 같은 생생한 간증을 교차 배치하여 말씀이 어떻게 삶에서 실현되는지 보여줍니다.

둘째, 이중 독자층을 고려했습니다.

장년 리더들에게는 신학적 깊이와 목회적 통찰을, 청소년과 청년들에게는 쉬운 예화와 현대적 적용을 제공하여 두 세대가 함께 읽고 공감할 수 있도록 구성했습니다.

셋째, 묵상과 적용을 위한 실천적 도구를 준비했습니다.

각 장 끝에는 개인 묵상과 토론을 위한 질문, 책의 마지막 부분에는 〈광야훈련학교 워크북〉을 마련하여 독자가 자신만의 광야 경험을 해석하고 삶에 적용할 수 있도록 구성했습니다. 이를 통해 단순한 읽기에 그치지 않고, 실제 삶의 변화로 이어질 수 있는 실천적 도구를 제공하고자 합니다.

지금 광야에 있는 당신에게

지금 재정의 어려움, 관계의 파탄, 건강의 위기, 진로의 막막함으로 힘들어하고 있습니까? 이 책을 읽으며 세 가지 진리를 꼭 기억하시기 바랍니다.

첫째, 광야는 버림받은 장소가 아니라 선택받은 공간입니다.

하나님은 가장 사랑하는 자녀를 광야로 부르십니다.

둘째, 광야는 끝이 아니라 새로운 시작입니다.

씨앗이 땅속에서 죽어야 싹이 나듯, 우리의 옛 자아가 죽어야 새 생명이 시작됩니다.

셋째, 광야는 고통의 현장이 아니라 영광의 무대입니다.

가장 어두운 밤에 별이 가장 밝게 빛나듯, 가장 힘든 순간에 하나님의 영광이 가장 선명하게 드러납니다.

이제 책장을 넘기는 순간, 당신은 광야훈련학교의 신입생이 됩니다. 처음에는 낯설고 두려울 수 있습니다. 그러나 걱정하지 마십시오. 성령께서 최고의 교사가 되어 당신과 동행하실 것입니다.

　광야는 하나님의 임재가 가장 가까이 느껴지는 곳입니다. 메마른 사막 같은 시간 속에서 생수의 강이 흐르는 것을 경험하게 될 것입니다. 이 책이 당신의 눈물을 닦아주고, 무너진 자존감을 일으켜 세우며, 다음세대를 향한 소망의 불씨가 되기를 기도합니다.

　어둠이 깊을수록 새벽은 가깝습니다. 당신의 광야도 곧 끝날 것입니다. 그리고 그 끝에서 당신은 이제 예전의 당신이 아닐 것입니다. 하나님의 형상을 닮은, 왕 같은 제사장으로 다시 태어날 것입니다.

　이제 첫 페이지를 넘겨보세요. 광야가 아닌 하늘의 관점에서 당신의 인생을 다시 보게 될 것입니다.

광야의 끝자락에서
지현호 드림

1부

광야 입성: 변화의 시작

1 광야로의 부르심

막다른 길에서 발견하는 하나님의 길

📖 출애굽기 14장 13,14절

왜 돌아서 가게 하실까

신앙생활을 하다 보면 이해하기 어려운 일들이 많이 일어납니다. 특히 분명히 가까운 길이 있는데도 하나님은 우리를 멀리 돌아가게 하실 때가 있죠.

'이렇게 가면 더 빠를 텐데, 하나님은 왜 돌아가게 하실까?'

정말 이상하지 않나요? 우리의 생각과 상식으로는 이해할 수 없는 일들을 경험하게 됩니다.

이집트(애굽)에서 탈출한 이스라엘 백성은 홍해라는 큰 바다 앞에 서게 됩니다. 뒤에서는 이집트의 가장 강력한 군대가 쫓아오는데, 앞에는 바다가 가로막혀 있어 진퇴양난의 상황이었습니다. 두려움과 공포가 밀려올 수밖에 없는 순간이죠.

그런데 성경은 하나님께서 왜 가까운 길을 두고 돌아가게 하셨는지 그 이유를 분명히 말씀합니다.

> 바로가 백성을 보낸 후에 블레셋 사람의 땅의 길은 가까울지라도 하나님이 그들을 그 길로 인도하지 아니하셨으니 이는 하나님이 말씀하시기를 이 백성이 전쟁을 하게 되면 마음을 돌이켜 애굽으로 돌아갈까 하셨음이라 그러므로 하나님이 홍해의 광야 길로 돌려 백성을 인도하시매 … 출 13:17,18

이 말씀을 통해 하나님께서 우리의 상태를 너무나 잘 아신다는 것을 알 수 있습니다. 우리의 영적 수준을 하나님만큼 정확히 아는 분은 없습니다. 사실 우리도 우리 자신이 어떤 상태인지 제대로 알지 못합니다. 오직 하나님만이 완벽히 아시죠.

이스라엘 백성이 이집트를 떠나기 전, 그들은 놀라운 기적들을 직접 목격했습니다. 하나님께서 열 가지 재앙을 통해 강력한 메시지를 전하셨기 때문입니다. 열 가지 재앙은 단순한 심판의 차원을 넘어서, 인간이 의지하고 신뢰하는 모든 것이 얼마나 덧없는지를 보여주시는 하나님의 강력한 계시였습니다.

일상의 평안도, 축적한 재물도, 삶의 환경도, 심지어 다음세대에 대한 희망까지도 하나님 앞에서는 순식간에 무너질 수 있음을 이스라엘과 이집트 모든 사람에게 분명히 보여주신 것입니다. 그런데 이런 놀라운 기적들을 경험했는데도 왜 하나님은 그들 앞에 홍해라는 장애물을 두셨을까요?

신앙은 훈련이기 때문입니다. 구원은 한 번 받고 끝나는 것이 아닙니다. 구원받는 것보다 구원 이후의 삶이 더욱 중요합니다. 하나님은 우리를 훈련의 장소로 인도하여 진정한 예배자로 성장시키기를 원하십니다.

하나님께서는 우리를 향한 거룩한 계획이 있습니다. 바로 우리를 세상 가운데 참된 예배자로 세우는 것입니다. 예배는 우리 마음대로 드리면 안 됩니다. 하나님의 방법대로, 하나님이 받으실만한 방식으로 드려야 합니다.

그래서 우리는 때로 자기부인의 훈련을 받게 됩니다. 하나님의 뜻과 내 뜻이 다를 때, 내 뜻을 내려놓는 철저한 훈련을 통해 하나님의 진리를 배우게 되죠.

홍해 앞 인생을 위한 생존전략

기적을 경험하고 많은 간증이 있어도 우리는 여전히 연약하고 두려워합니다. 그렇지 않나요? 놀라운 신앙적 체험을 했어도 위험한 상황이 닥치면 얼마나 두려운지요! 도망갈 길도 보이지 않을 때, 우리는 공포에 사로잡힐 수 있습니다.

이렇게 가까운 길이 있음에도 불구하고 하나님께서 멀리 돌아가게 하실 때는 어떻게 행동해야 할까요? 하나님은 우리가 기적을 구경하는 데 그치지 않고, 그 기적을 행하신 분의 메시지에 귀 기울이기를 원하십니다. 그 메시지는 바로 이것입니다.

"살아계신 하나님이 계신다. 너의 인생에 주인이 있다. 그 주인은 바로 예수 그리스도이시다."

얼마나 든든한 메시지인가요?

인생에 때로는 돌아가는 길이 필요합니다. 그 길을 통해 더 깊은 믿음과 훈련을 경험하고, 진정한 예배자로 성장할 수 있기 때문입니다. 하나님은 우리의 현재뿐만 아니라 미래까지 보고 계십니다. 그래서 우리를 가장 좋은 길로 인도하시는 것이죠.

성경은 교회를 두 가지로 비유합니다. 하나는 예수님과 가장 친밀한 신부이고, 다른 하나는 영적 전쟁을 수행하는 강력한 군대입니다. 우리는 주님과의 친밀함을 누리면서도 동시에 영적 전쟁에서 승리해야 합니다. 홍해 앞은 바로 이 영적 전쟁의 첫 번째 훈련장입니다.

홍해 앞에 서 있는 이스라엘 백성처럼 인생에서 앞이 막힌 상황을 만날 때는 어떻게 행동해야 할까요? 그들처럼 저도 수없이 막다른 길에 섰었는데 그때마다 하나님은 성경을 통해 간단하지만 강력한 생존 법칙을 가르쳐주셨습니다.

이 장에서 그 네 가지 생존전략을 소개할 텐데, 그중 홍해를 건너기 위한 세 가지 전략을 먼저 소개하겠습니다.

1. 믿음으로 자기 자리를 지켜라
2. 믿음으로 주님을 바라보라
3. 믿음으로 침묵하라

전략 1 믿음으로 자기 자리를 지켜라

모세가 백성에게 "너희는 두려워하지 말고 가만히 서서"(출 14:13)라고 말합니다. 이 "가만히 서서"는 히브리어로 '야차브'라는 단어인데, '자리를 굳건히 지키다', '흔들리지 않고 서 있다'라는 뜻입니다. 단순히 멍하니 가만히 있으라는 것이 아니라, 자기 자리를 확고히 지키고 흔들리지 말라는 의미입니다.

공포가 닥칠 때 우리가 가장 먼저 하는 것은 무엇일까요? 바로 도망가는 것입니다. 예배자의 자리, 가정의 자리, 학생의 자리에서 슬그머니 벗어나려고 합니다. 하지만 이스라엘 백성처럼 홍해 앞에 서면 도망갈 곳이 없습니다. 앞을 봐도 죽음이요 뒤를 봐도 죽음인 상황에서 어떻게 해야 할까요?

현대를 사는 많은 사람은 고난과 공포를 직면하기 두려워 중독으로 도망갑니다. 술, 담배, 게임 등 각종 중독에 빠져 현실을 외면하려 합니다. 그러나 하나님은 반드시 우리에게 '피할 길'을 주겠다고 약속하셨습니다(고전 10:13). 이 두려움 속에서도 믿음으로 자기 자리를 지키라고 말씀하십니다.

지금 겪는 고난과 어려움 앞에서 믿음으로 자리를 지켜야 합니다.

고난 앞에 선 사람들의 일반적인 반응

오랫동안 많은 사람을 상담하면서 발견한 흥미로운 사실이 있습니다. 홍해처럼 막다른 길에 섰을 때 사람들이 보이는 반응은 시대가 바뀌어도 놀랍도록 비슷합니다. 대표적인 여섯 가지 반응을 소개합니다.

① "상황이 안 받쳐줘요"

늘 자신의 상황이 어렵다고 말합니다. 객관적으로는 충분히 괜찮은 상황인데도 끊임없이 어려움을 호소합니다.

② "시간이 없어요"

게임이나 여행은 빠지지 않고 하면서도 하나님의 일을 할 시간은 없다고 합니다. 이는 직면이 아닌 회피입니다.

③ "돈이 없어요"

돈이 없다고 말하면서도 커피는 계속 사 마시고 불필요한 지출도 계속합니다. 돈 자체는 가치 중립적인 것이지만, 돈에 의지하는 것은 문제입니다.

④ "피곤해요"

특히 영적인 '백수'들이 자주 하는 말입니다. 행동은 하지 않고 머리로만 고민하다 보니 정말 피곤함을 느끼게 됩니다.

⑤ "너나 잘하세요!"

누군가 충고하면 방어적이고 공격적으로 반응합니다. 이런 분들을 위해 우리는 더욱 기도해야 합니다.

⑥ "아직 어려요"

나이가 들어도 아직 시간이 많다면서 계속 책임을 미룹니다.

이런 반응들이 나오는 이유는 영적 훈련이 부족하기 때문입니다. 하나님의 일은 상황이 좋아야만, 시간이 넉넉해야만, 돈이 충분해야만 할 수 있는 것이 아닙니다. 성경 어디에도 그런 조건이 붙어 있지 않습니다. 하나님이 말씀하시면 "아멘" 하고 순종하는 것이 진정한 믿음입니다.

자리를 지킨다는 진정한 의미

자기 자리를 지킨다는 것은 예배의 자리, 가정의 자리, 직장의 자리에서 도망가지 않는 것을 의미합니다. 하나님은 반드시 우리를 책임져 주시고, 피할 길을 예비해주십니다. 이사야 선지자는 이렇게 선포합니다.

> 풀은 마르고 꽃은 시드나 우리 하나님의 말씀은 영원히 서리라 … 사 40:8

이 영원한 말씀을 붙잡는 사람은 달라집니다. 더는 상황을 탓하지 않습니다. 돈이 있든 없든, 하나님이 주신 사명에 "아멘" 하고 순종합니다. 때로는 욥처럼 모든 것을 잃을 수도 있고, 세례 요한처럼 메뚜기와 야생꿀로 연명할 수도 있습니다. 그래도 괜찮습니다. 하나님이 우리와 함께하며 우리를 책임져 주시기 때문입니다.

진정한 믿음의 사람들은 내일을 지나치게 염려하지 않습니다. 대신 오늘 주어진 일에 최선을 다하며, 하나님의 거룩한 예배자로 승리를 선포하며 살아갑니다. 그것이 건강한 종말론적 신앙을 가진 그리스도인의 모습입니다. 오늘 하루를 믿음으로 사는 것, 그것이 진정한 '자기 자리 지키기'입니다.

전략 2 믿음으로 주님을 바라보라

홍해를 건너기 위해서는 자리를 지키는 것만으로는 부족합니다. 이제 그 자리에서 무엇을 바라보아야 하는지를 알아야 합니다. 홍해 앞에 선 이스라엘 백성에게 하나님께서 주신 두 번째 지혜는 바로 '믿음의 시선을 어디에 두어야 하는가'에 관한 것입니다.

"생각을 조심하라, 그것이 너의 말이 된다.
말을 조심하라, 그것이 너의 행동이 된다.
행동을 조심하라, 그것이 너의 습관이 된다.
습관을 조심하라, 그것이 너의 인격이 된다.
인격을 조심하라, 그것이 너의 운명이 된다."

어디선가 읽고 인상 깊었던 말입니다. 생각을 조심하기 위해서는 '보는 것'을 조심해야 합니다. 무엇을 바라보느냐에 따라 내 생각이 달라지고, 결국 삶의 운명까지 달라지기 때문입니다.

초등학교 저학년인 제 딸 에스더도 이 진리를 본능적으로 알고 있습니다. 텔레비전이나 유튜브를 볼 때 폭력적이거나 무서운 장면이 나오면 양손으로 눈을 가리며 "아, 내 눈! 내 눈! 내 눈 버렸어!"라고 외칩니다. "에스더야, 왜 눈 버렸어?"라고 물으면, 나쁜 것을 보고 나면 마음이 불편해지기 때문이라고 대답합니다. 아이조차도 보는 것이 마음에 영향을 미친다는 것을 압니다.

··· 여호와께서 오늘 너희를 위하여 행하시는 구원을 보라 ··· 출 14:13

여기서 '보라'의 히브리어 원어는 '라아'입니다. 이는 단순히 눈으로 보는 것이 아니라 '집중하여 주목하다', '분별하여 바라보다'라는 깊은 의미를 담고 있습니다. 하나님은 우리에게 온 마음과 정신을 다해 주님께 집중하라고 말씀하십니다.

홍해 같은 어려움 앞에서 왜 문제가 아닌 주님께 집중해야 할까요? 이것이 영적 전쟁이기 때문입니다. 사람의 본성은 문제가 닥치면 즉시 그 문제와 적에게로 시선을 돌립니다. 이스라엘 백성들도 애굽 군대를 보자마자 두려움에 떨기 시작했습니다.

시선이 흐르는 과정

일반적으로, 우리의 시선은 먼저 문제와 적에게 집중합니다. 애굽 군대처럼 우리를 위협하는 것들에 시선이 가고, 우리를 쫓아오는 걱정과 근심에 마음을 빼앗깁니다.

그다음으로는 환경에 집중합니다. 앞의 홍해처럼 넘을 수 없는 장애물을 봅니다. 재정 문제, 관계 문제, 건강 문제 등 어려운 상황만 보입니다.

이어서 원망할 대상을 찾습니다. "다 너 때문이야!"라고 누군가를 탓하기 시작합니다. 이스라엘 백성들이 모세를 원망했던 것처럼 다른 사람을 비난합니다.

마지막으로 자기 연민에 빠집니다. '세상에서 가장 불쌍한 사람은 나야'라고 생각해 스스로 자신을 불쌍히 여기며 절망에 빠집니다.

특히 원망은 관계를 파괴하는 독입니다. 부부 사이에 "다 너 때문이야"라는 말은 치명적입니다. 문제를 '우리의 문제'로 함께 짊어지지 않고 상대방

탓으로만 돌리면 관계는 무너집니다.

자기연민 단계는 더욱 위험합니다. 이는 우울증 직전의 경고등이 될 수 있습니다. 자신을 세상에서 가장 불쌍한 사람으로 여기며 희망을 잃어버리게 됩니다.

하나님께 집중할 때 일어나는 놀라운 변화

반면, 하나님께 주목할 때는 전혀 다른 일이 일어납니다. 어려움과 문제 앞에서도 하나님께 기도하고 그분을 의지할 때, 그 사람 안에서 놀라운 변화가 시작됩니다.

믿음이 생기기 시작합니다. 가슴이 뜨거워지고 신뢰가 자라납니다. '하나님만 있으면 살 수 있다'라는 확신이 생깁니다. 하나님의 뜻이 보이기 시작하고, 문제 너머로 하나님의 계획을 볼 수 있게 됩니다. 어려움 속에 숨겨진 하나님의 목적을 발견합니다.

또한, 약속을 기억하게 됩니다. 잊고 있던 비전과 하나님의 약속들이 다시 선명해집니다. '아, 맞다! 내가 이 문제를 직면했지만, 하나님이 주신 비전이 있었지!' 더 나아가 "하나님이 이 문제를 책임지실 것이다!"라고 믿음의 선포를 하게 됩니다. 문제보다 크신 하나님을 신뢰하게 됩니다.

이렇게 믿음으로 불타오르는 사람이 되면 세상 사람들은 이해하지 못할 수 있습니다. 홍해 앞에서 죽음이 기다리는 상황인데도 기뻐하고 찬양하는 모습이 그들에게는 이상해 보일 수 있습니다. 하지만 이것이 바로 믿음의 능력입니다.

눈을 들어 주님을 바라보라

제가 주님을 바라보는 것이 얼마나 중요한지 깨닫게 된 순간을 이야기해 보겠습니다. 2007년 11월, 저희 가정에 정말 힘든 시기가 찾아왔습니다. 저는 가장으로서 가정을 이끌고, 사역자로서 청년부를 섬기며, 신학생으로서 연구를 하는 세 가지 역할을 감당해야 했습니다. 최선을 다했지만 결과는 좋지 않았고, 희망도 보이지 않았습니다.

문제들이 폭풍처럼 밀려왔습니다. 우선은 정신적 압박으로 학업을 제대로 수행할 수 없었습니다. 마감일까지 리서치 페이퍼를 제출하지 못해 성적이 위태로웠고, 비자 연장과 장학금 신청까지 불투명해졌습니다. 인간관계의 문제도 해결되지 않아 마음이 무거웠습니다.

게다가 재정적 압박이 극에 달했습니다. 통장 잔고가 마이너스 500달러이니 오후 2시까지 입금하라고 생전 처음으로 은행에서 전화가 왔습니다. 설상가상으로 차까지 고장 났습니다. 수리비는 예상보다 훨씬 많은 470달러였는데 십일조를 드리고 나니 제 수중에는 25달러밖에 남아 있지 않았습니다.

가장으로서, 사역자로서, 신학생으로서 할 수 있는 모든 것을 했는데도 상황은 악화되기만 하니 괴로운 마음에 저는 차를 몰고 화이트 락 바닷가로 향했습니다. 평소 잔잔한 파도와 평화로운 풍경이 있는 곳이었지만, 그날은 강풍이 불고 높은 파도가 몰아치는 전혀 다른 모습이었습니다.

저는 그곳에서 죽고 싶었습니다. 비를 맞으며 방파제 끝까지 걸어가 높은 파도를 바라보며 울부짖었습니다.

"주님! 저 파도가 마치 제 인생의 장애물들 같습니다. 너무나 두렵고 힘듭니다!"

그 순간, 성령께서 저를 도우셨습니다. 그래서 눈물을 흘리며 주님께 고백하기 시작했습니다.

"당신은 신실하신 하나님이십니다. 당신은 자비로우신 하나님이십니다. 당신은 약속의 하나님이십니다. 당신은 좋으신 하나님이십니다."

찬양이 입술에서 흘러나왔고, 돌아오는 길에 놀라운 일이 일어났습니다. 누군가 뒤에서 저를 보고 있는 느낌이 강하게 들었습니다. 돌아보니 아무도 없었지만, 방파제가 마치 예수님처럼 느껴졌습니다. 그리고 조용한 음성이 들렸습니다.

"네가 서 있는 그곳은 거룩한 곳이다. 네 밑을 보아라!"

제가 서 있는 곳만 잔잔한 물결이 일고 있었습니다. 예수님이 저를 위해 그 거친 파도를 막고 계신다는 것을 깨달았습니다.

마태복음 14장의 베드로처럼, 우리도 주님을 바라볼 때 물 위를 걸을 수 있습니다. 하지만 문제와 환경에 시선을 빼앗기면 물에 빠져 허우적거릴 수밖에 없습니다.

제 삶도 그랬습니다. 관계, 재정, 건강, 진로 문제 등 인생의 거친 파도만 바라보았을 때는 거의 죽을 것 같은 심정이었습니다. 하지만 어떤 상황에서도 주님께 시선을 고정하면, 아무리 험한 파도라도 잔잔해지는 것을 경험했습니다.

문제만 바라보면 숨이 막히지만, 문제 위에 계신 하나님을 바라보면 희망과 용기를 얻게 됩니다. 시선을 어디에 두느냐에 따라 마음과 태도, 그리고 결과가 달라집니다. 하나님을 바라보는 사람은 결국 홍해가 갈라지는 기적을 경험하게 될 것입니다! 우리의 눈을 문제가 아닌 하나님께 고정시키는 법을 배울 때, 그분의 구원을 보게 될 것입니다.

전략 3 믿음으로 침묵하라

여호와께서 너희를 위하여 싸우시리니 너희는 가만히 있을지니라 출 14:14

홍해 앞에서 이스라엘 백성에게 주신 하나님의 세 번째 지혜는 침묵하라는 것이었습니다. 적군이 뒤에서 쫓아오고 앞에는 넘을 수 없는 바다가 있는 절체절명의 순간, 모세는 "가만히 있으라"라고 명령합니다. 히브리어 '하라쉬'는 '입을 다물라', '침묵을 지키라'라는 의미입니다. 위기의 순간에 왜 하필 침묵이 필요할까요?

말이 지닌 무게와 책임

오늘 아침 당신은 몇 마디를 말했나요? 그 말들이 누군가에게 어떤 영향을 미쳤을지 생각해보았나요? 캐나다의 한 목회자가 전한 이야기는 우리에게 깊은 교훈을 줍니다.

군대에서 휴가 나온 오빠가 식사 중에 여동생에게 던진 농담 한마디, "너는 왜 밥을 돼지같이 퍼먹니?" 이 말이 얼마나 무서운 결과를 가져왔는지요. 감수성 예민한 여고생이던 동생은 그날 이후 식사할 때마다 다른 사람의 시선을 의식하며 손으로 입을 가리게 되었고, 결국 거식증과 우울증을 앓다가 안타깝게도 스스로 생을 마감했습니다.

말 한마디가 한 생명을 빼앗아 간 것입니다. 잠언 18장 21절은 "죽고 사는 것이 혀의 힘에 달렸"다고 경고합니다. 말에는 정말로 생사를 가르는 힘이 있습니다.

두려움이 만들어내는 파괴적 언어

홍해 앞에서 두려움에 압도된 이스라엘 백성은 "애굽에 매장지가 없어서 우리를 이끌어내어 이 광야에서 죽게 하느냐 어찌하여 우리를 애굽에서 이끌어내어 이렇게 하느냐"(출 14:11)라며 모세에게 원망을 쏟아냅니다.

두려움은 우리 입술에서 불평과 원망, 비난의 언어를 이끌어냅니다. 이러한 말들은 화살처럼 주변 사람들의 마음을 찌르고 공동체 전체의 화목을 깨뜨립니다.

결혼 상담 전문가들은 흥미로운 조언을 합니다. 분노가 치밀어 오를 때는 '타임아웃'을 선언하라는 것입니다. 영어에서 'danger'(위험)는 'anger'(분노)에 'd' 한 글자가 추가된 단어입니다. 이는 분노 상태에서 내뱉은 말이 실제로 위험을 초래한다는 의미를 담고 있습니다.

캐나다의 교육학자였던 로렌스 피터스 박사(Dr. Laurence J. Peter)는 이렇게 경고했습니다.

"분노한 상태에서 말하십시오. 그러면 당신이 평생 후회할 최고의 연설을 하게 될 것입니다."

잠언서는 이에 대해 명확한 지혜를 제시합니다.

미련한 자의 입술은 다툼을 일으키고 그의 입은 매를 자청하느니라 잠 18:6

입을 지키는 자는 자기의 생명을 보전하나 입술을 크게 벌리는 자에게는 멸망이 오느니라 잠 13:3

믿음의 방패가 되는 침묵

> 형제들아 나는 너희가 알지 못하기를 원하지 아니하노니 우리 조상들이 다 구름 아래에 있고 바다 가운데로 지나며 모세에게 속하여 다 구름과 바다에서 세례를 받고 고전 10:1,2

신약성경은 홍해를 건너는 사건을 '세례'로 해석합니다. 세례는 '죽음'과 '새로운 삶'을 의미합니다. 우리는 세례를 통해 세상에 대해 죽고, 그리스도 안에서 새롭게 태어납니다. 더는 세상의 방식으로 반응하지 않겠다는 결단입니다.

믿음의 사람들은 두려움, 조롱, 위협 앞에서도 세상의 방식으로 대응하지 않습니다. 대신 하나님만을 바라보며 그분의 때를 기다립니다. 성경은 이것을 "믿음의 방패"라고 표현합니다.

> 모든 것 위에 믿음의 방패를 가지고 이로써 능히 악한 자의 모든 불화살을 소멸하고 엡 6:16

침묵은 무기력함이 아닙니다. 오히려 가장 강력한 신뢰의 표현입니다. 예수님도 빌라도 앞에서 부당하게 고소당하셨을 때 침묵하셨습니다. 그 침묵은 하나님 아버지에 대한 완전한 신뢰였습니다.

우리 삶에도 홍해와 같은 위기가 찾아옵니다. 앞이 막막하고 뒤로 물러설 수도 없는 순간, 두려움에 사로잡혀 불평과 원망을 쏟아내기보다 잠시 침묵하며 하나님의 역사하심을 기다려보세요.

침묵은 하나님께 귀 기울이는 시간입니다. 내 목소리가 아닌 하나님의 음성을 듣는 시간입니다. 그 침묵 속에서 "여호와께서 너희를 위하여 싸우시리니"라는 약속을 다시 새기게 됩니다.

억울함의 토로와 상처의 치유

억울함과 상처를 어떻게 다루어야 할까요? 제 개인적인 경험을 나누고 싶습니다. 저를 배신한 제자가 캐나다에서 사역할 때 두 명, 한국에서 한 명 있었습니다. 음식을 나누고, 집을 열어주고, 차로 픽업까지 해주며 아꼈던 이들이 이간질로 저를 어렵게 했을 때 그 충격은 컸습니다.

한 형제는 뻔뻔하게도 "신학생이 많은 학교이니 제 이야기는 다른 전도사님들에게 알리지 말아주세요"라는 부탁까지 했습니다. 제자에게 함부로 대할 수 없어 집으로 돌아와 벽과 바닥을 두드리며 울부짖었습니다.

"하나님, 살아계십니까? 너무 억울합니다!"

모든 감정을 쏟아내자 주님이 작은 음성으로 말씀하셨습니다.

"내가 지금까지 너를 지켜주지 않았느냐? 이제 기도해야 하지 않겠니?"

주님의 위로가 마음을 덮자, 쏟아냈던 저주의 말이 눈물로 바뀌었습니다. 은혜를 기억하면 분노는 찬양으로, 저주는 감사로 변합니다.

시편에 저주시가 존재하는 이유가 여기에 있습니다. 다윗은 억울함, 분노, 회개, 감사, 찬양을 모두 하나님 앞에 쏟아냈습니다. 감정을 품고만 있으면 병이 됩니다. 목회자들에게 암이 많은 이유도 토로할 곳이 없기 때문입니다. 하나님은 우리가 마음속 독을 토해내길 원하십니다. 그래야 치유가 시작됩니다.

놀랍게도 주위 사람들은 이미 그 제자의 이간질을 알고 있었고, "목사님,

얼마나 힘드셨어요. 그 친구가 원래 그런 사람입니다"라며 저를 위로해주었습니다.

하지만 저는 주님의 위로가 있었기에 "아닙니다. 그 친구는 본래 성실하고 좋은 아이인데 잠시 실족한 것뿐입니다. 가능성 있는 친구이니, 오히려 기도해주십시오"라고 끝까지 그를 감쌀 수 있었습니다.

시간이 지나 그들은 제게 사과했습니다. 저는 기꺼이 용서해주었고, 제 미숙함에 대해서도 용서를 구했습니다.

침묵하고 기다리는 지혜를 삶에 적용하기

오늘 당신의 '홍해'는 무엇인가요? 학교에서의 어려움인가요? 친구와의 갈등인가요? 가정의 문제인가요? 그 상황 앞에서 불평하고 원망하는 대신, 잠시 침묵하며 하나님의 음성에 귀 기울여 보세요. 두 가지 실천 방안을 제안하겠습니다.

① 침묵 훈련

매일 아침 5분간 침묵의 시간을 가져보세요. 그 시간 동안 내 마음의 불안과 두려움을 내려놓고, 하나님께서 나를 위해 싸우신다는 믿음을 새롭게 해보세요.

② 말 앞에 생각하기

말을 하기 전에 '이 말이 생명을 주는 말인가, 상처를 주는 말인가?' 생각하는 습관을 들이세요.

> 칼로 찌름같이 함부로 말하는 자가 있거니와 지혜로운 자의 혀는 양약과 같으니라 잠 12:18

하나님은 우리가 두렵고 힘든 상황, 억울한 상황, 홍해 앞에 있을 때 사람들을 향해서는 입을 닫으라고 말씀하십니다. 대신 하나님께는 마음껏 토로하고 기도하라고 하십니다.

억울함과 아픔을 주님께 털어놓으세요. 하나님은 당신의 아픔을 다 알고 계십니다. 하나님 앞에 기도하며 부르짖고 침묵하며 기다리면, 여리고성이 무너졌던 것처럼 당신 앞의 홍해가 갈라지고 문제가 해결될 것입니다. 홍해 앞에서의 침묵은 패배가 아닙니다. 오히려 가장 강력한 승리의 시작입니다.

> … 너희는 두려워하지 말고 가만히 서서 여호와께서 오늘 너희를 위하여 행하시는 구원을 보라 … 출 14:13

홍해를 건너는 영적 전략의 작동

저는 한때 극심한 압박과 스트레스 속에서 극단적인 선택까지 생각했으나 하나님의 은혜로 중요한 깨달음을 얻게 되었습니다. 어머니가 인생에서 가장 비참하고 힘들었을 때 예배자의 자리를 지키신 것처럼, 저도 집으로 달려가 가정예배를 다시 드리기 시작했습니다.

일주일에 한 번 드리던 가정예배를 마음을 다해 세 번, 다섯 번, 그리고 결국 매일 드리게 되었습니다. 우리 가족 모두는 일주일 내내 하나님을 예배하며 하나님이 주인 되시는 삶을 살게 되었습니다.

3개월 동안 예배를 드렸지만, 문제들이 즉시 해결되지는 않았습니다. 그러나 하나님은 우리 마음속에 있는 진짜 문제들을 해결해주셨습니다. 하나님과 우리 가정의 관계 가운데 있던 장애물들이 하나씩 제거되기 시작했습니다.

- 관계 문제 가운데 주인이 되려 했던 나의 우상들
- 재정 문제 가운데 자족하지 못하고 하나님을 신뢰하지 못했던 마음
- 건강 문제에서 하나님이 주신 생체리듬을 무시하고 내 방식대로 살았던 습관
- 교육과 진로 문제에서 하나님보다 내 머리만 믿고 근심했던 태도

이 모든 것을 회개하는 시간이 필요했습니다. 그런 가운데서도 저는 '자기 자리를 지키는' 첫 번째 영적 전략을 실천했습니다. 크리스천 학생으로서 크리스마스 시즌이라는 특별한 때에도 학업의 자리를 떠나지 않고 최선을 다했습니다. 영어 설교 발표를 앞두고 떨릴 때도 도망치지 않고 그 자리에 서 있었습니다. 비록 성적은 좋지 않았지만, 포기하지 않고 제 자리를 지켰습니다.

'믿음으로 주님을 바라보고 하나님의 약속을 붙드는' 두 번째 영적 전략도 실천했습니다. 문제의 크기에 눌려있을 때 시선을 하나님께 돌렸습니다. 절망적인 상황 속에서도 "내가 결코 너희를 버리지 아니하고 너희를 떠나지 아니하리라"(히 13:5)라는 말씀을 붙들고, 눈에 보이는 현실보다 하나님의 약속에 집중했습니다.

그리고 '믿음으로 침묵하는' 세 번째 영적 전략을 따랐습니다. 불평과 원망 대신 새벽마다 울며 기도하고, 학교 주차장 가장 구석진 곳에 주차된 제 차 안에서 홀로 울면서 기도했습니다. 가족들을 낙심시키지 않도록, 그들

앞에서가 아니라 제 개인기도 시간에 모든 상한 감정과 아픔을 토해내는 '토설 기도'를 드렸습니다. "여호와께서 너희를 위하여 싸우시리니 너희는 가만히 있을지니라"(출 14:14)라는 말씀의 실천이었습니다.

그렇게 할 때 놀라운 일이 일어났습니다. 그 차 안에서 기도하고 있을 때, 학교에서 1,000달러의 장학금을 준다는 이메일을 받은 것입니다. 비자 연장을 위해 교수님이 추천서도 써주셨습니다. 더 놀랍게도, C와 F로 가득한 성적표에도 불구하고(학점 평균 1.23) 학교 모범생으로 선정되어 3,000달러의 추가 장학금까지 받게 되었습니다. 홍해가 열리기 시작한 것입니다!

학업과 재정, 비자 문제가 하나씩 해결되었습니다. 그 뒤에도 3년짜리 비자를 더 받게 되었고, 필요한 재정도 채워졌습니다. 장학금으로 캐나다에서 중국까지 단기 선교여행에 필요한 비용(3,000달러)까지 정확히 충당할 수 있었습니다.

이 경험을 통해 저는 홍해를 건너는 세 가지 영적 전략이 실제로 작동한다는 것을 깨달았습니다. 자기 자리를 지키고, 하나님의 약속을 붙들고, 믿음으로 침묵할 때 하나님은 그분의 방법으로, 그분의 때에 홍해를 가르고 길을 만들어주십니다.

이 경험 후에 저는 무엇을 했을까요? 가장 먼저 하나님께 감사와 찬양을 드렸습니다! 이것이 바로 네 번째 전략입니다.

전략 4 하나님께 감사와 찬양을 드려라

자리를 지키고, 하나님을 바라보며, 믿음으로 침묵했던 이스라엘 백성 앞에서 마침내 홍해가 갈라졌습니다. 홍해를 건너는 세 가지 전략을 지켜내고 나면 네 번째 생존전략이자 중요한 임무가 기다리고 있습니다. 그것은 바로 하나님께 감사와 찬양을 드리는 것입니다.

홍해를 건넌 모세와 이스라엘 백성이 그 기적의 현장을 지나고 난 후 가장 먼저 한 일도 하나님께 찬양을 드리는 것이었습니다.

> … 모세와 이스라엘 자손들이 이 노래로 여호와께 노래하니 일렀으되 내가 여호와를 찬송하리니 그는 높고 영화로우심이요 말과 그 탄 자를 바다에 던지셨음이로다 출 15:1

모세의 노래와 미리암의 춤은 모두 하나님께서 행하신 일들을 기억하고 하나님께 영광을 돌리는 내용으로 가득 차 있습니다.

> 여호와는 나의 힘이요 노래시며 나의 구원이시로다 그는 나의 하나님이시니 내가 그를 찬송할 것이요 내 아버지의 하나님이시니 내가 그를 높이리로다 출 15:2

신약에서도 동일한 원칙을 가르칩니다.

> 너희 중에 고난당하는 자가 있느냐 그는 기도할 것이요 즐거워하는 자가 있느냐 그는 찬송할지니라 약 5:13

슬플 때나 기쁠 때나, 홍해 앞에서나 광야에서나, 우리가 가장 먼저 찾아가야 할 분은 하나님이십니다. 그분은 우리의 기도와 말씀과 찬양 가운데 함께하십니다.

제가 아는 한 신혼부부는 아내가 난치병으로 큰 수술을 앞두고 있었고, 그 수술 후에는 아이를 가질 수 없을지도 모르는 상황이었습니다. 이것이 그들 앞에 놓인 '홍해'였습니다.

이 부부는 예배의 자리를 신실하게 지켰습니다. 그때 제가 기도를 통해 받은 다음의 두 가지 말씀을 그 부부에게 전해주었습니다.

내가 죽지 않고 살아서 여호와께서 하시는 일을 선포하리로다 시 118:17

보라 내가 새 일을 행하리니 이제 나타낼 것이라 사 43:19

8개월 후, 수술은 성공적으로 끝났고, 기적적으로 아이도 임신하게 되었습니다! 현재 그 아이는 건강하게 잘 자라고 있습니다. 이 부부가 가장 먼저 한 일은 무엇이었을까요? 바로 하나님께 감사드리고, 하나님이 행하신 일들을 간증하는 것이었습니다.

그들은 나중에 이런 편지를 보내왔습니다.

"선교사님이 전해주신 말씀이 아이에게 매일 읊어주는 찬양의 말씀이 되었습니다. 그 두 가지 말씀, 시편 118장 17절과 이사야 43장 19절 말씀은 하나님이 기도 중에 주신 말씀이었습니다."

놀랍게도 그들 역시 기도 시간에 이미 동일한 말씀을 받았던 것입니다!

홍해를 지날 때 기억하라

당신의 삶 속에도 홍해와 같은 어려움이 있을 수 있습니다. 그리고 하나님의 도우심으로 그 어려움을 지나갈 때가 올 것입니다. 그때는 무엇을 해야 할까요?

① **감사**

먼저 하나님께 감사하세요. 어려움을 이겨낸 것이 내 능력이 아니라 하나님의 은혜임을 기억하세요. 작은 승리에도, 큰 기적에도 똑같이 감사하는 마음을 가지세요.

② **선포**

하나님이 행하신 일을 선포하세요. 그 경험을 다른 사람들과 나누어 그들에게도 희망을 주세요. 당신의 간증이 누군가의 홍해 앞에서 믿음의 등불이 될 수 있습니다.

③ **찬양**

매일 찬양하는 습관을 기르세요. 좋을 때뿐만 아니라 모든 상황에서 하나님을 찬양하세요. 찬양은 나의 시선을 문제에서 하나님께로 돌려놓는 강력한 도구입니다.

풀은 마르고 꽃은 시드나 우리 하나님의 말씀은 영원히 서리라 … 사 40:8

하나님의 약속은 변함이 없습니다. 지금 홍해 앞에 서 있다면, 믿음으로 기다리세요. 자리를 지키고, 하나님을 바라보며, 믿음으로 침묵하세요. 그리고 홍해가 열리면, 가장 먼저 감사와 찬양을 드리는 것을 잊지 마세요.

안타깝게도, 문제가 해결된 후 많은 사람이 하나님께 영광을 돌리기보다는 다음 문제의 해결에 바로 뛰어듭니다. 이스라엘 백성도 홍해를 건넌 후 얼마 지나지 않아 광야에서 다시 불평하기 시작했습니다.

감사하지 않는 마음은 우리의 시선을 하나님에게서 문제로 돌려놓습니다. 감사는 단순한 예식이 아니라 우리 공동체의 영적 건강을 지키는 중요한 습관입니다.

하나님께서 많은 은혜와 기적을 베풀어주셨는데도 하나님께 감사하지 못하고 감사가 인색한 사람이 되면 안 됩니다. 우리 하나님께 제일 먼저 감사해야 합니다. 하나님이 하셨음을 노래해야 합니다. 하나님이 영광 받으시는 곳에서 우리 인생의 변화가 시작됩니다.

저는 홍해를 건너는 세 가지 전략을 실천하고 작은 기적이 일어날 때마다, 승리할 때마다 하나님께 감사하고 영광을 돌리며 그것이 제 힘과 실력이 아님을 고백했습니다.

모세와 미리암의 노래가 오늘 당신의 노래가 되기를 간절히 바랍니다! 하나님이 당신의 삶 속에서 행하신 놀라운 일들을 찬양하고 간증하는 사람이 되세요. 그것이 바로 홍해가 열릴 때 우리가 가장 먼저 해야 할 일입니다.

◑ 묵상 및 나눔 질문 ◑

1. 이스라엘 백성이 홍해 앞에서 두려움을 느낀 것과 비슷한 경험을 최근에 한 적이 있나요? 그때 어떻게 대응했나요?

2. 모세는 홍해 앞에 선 백성들에게 "가만히 서서"(히. 야차브) 자리를 지키라고 했습니다. 삶에서 '예배자의 자리', '학생의 자리', '가정의 자리'를 지키는 것이 왜 중요하다고 생각하나요? 구체적인 예를 들어 나누어보세요.

3. 현재 직면한 문제 상황에서 '문제' 대신 '하나님'께 집중하려면 어떤 실천이 필요할까요?

4. 성경은 "죽고 사는 것이 혀의 힘에 달렸나니"(잠 18:21)라고 말씀합니다. 말의 힘을 경험한 적이 있나요? 두려움과 위기 앞에서 침묵하고 하나님께 기도하는 것이 왜 중요할까요?

5. 하나님께서 출애굽한 이스라엘 백성을 가까운 길로 가는 대신 멀리 돌아가게 하신 이유가 "전쟁을 하게 되면 마음을 돌이켜 애굽으로 돌아갈까"(출 13:17) 염려하셨기 때문이라고 합니다.
이것이 우리에게 주는 영적 의미는 무엇일까요? 하나님께서 의도적으로 우리 삶에 '돌아가는 길'을 허락하실 때 어떤 영적 성장이 일어난다고 생각하나요?

6. 본문에서, 홍해를 건넌 후 가장 먼저 하나님께 감사와 찬양을 드려야 한다고 강조했습니다. 출애굽기 15장의 '모세의 노래'와 요한계시록 15장의 "모세의 노래와 어린양의 노래"를 연관 지어볼 때, 구속사적 관점에서 우리가 드려야 할 찬양과 감사의 본질은 무엇일까요?

7. 1장에서 가장 마음에 와닿는 도전이나 받은 은혜는 무엇인가요?

2 왜 광야인가

고난이 품은 축복의 비밀

신명기 8장 1-6, 16절

왜 광야로 데려가실까

인생을 살다 보면 누구나 한 번쯤은 '광야'와 같은 시간을 경험합니다. 광야란 무엇일까요? 그것은 우리가 의지하던 모든 것이 사라지고, 앞이 보이지 않는 막막한 상황을 말합니다.

소중히 여기던 것들이 갑자기 무너지고, 믿었던 사람들이 등을 돌릴 때, 우리는 '왜 하필 나에게 이런 어려움이 왔을까?'라고 질문하게 됩니다.

하지만 성경을 자세히 살펴보면, 결코 하나님은 우리가 실패하기를 원하지 않으십니다. 오히려 광야라는 특별한 환경을 통해 우리 삶에 있는 '거품'을 제거하고, 오직 하나님만이 우리의 진정한 희망이심을 깨닫게 하십니다.

이 장에서는 광야란 정확히 무엇이고 성경에서 보여주는 광야훈련의 목적은 무엇인지 알아보려고 합니다. 특히 신명기 8장에 나타나 있는 광야훈련의 특별한 의도를 살펴보면서 하나님께서 우리를 광야로 인도하시는 최종 목표가 무엇인지 깨닫게 되기를 바랍니다.

광야는 하나님의 특별한 훈련학교

'광야'라는 말을 들으면 무엇이 떠오릅니까? 메마른 사막, 뜨거운 햇볕,

물 한 방울 찾기 힘든 황량한 땅과 목마름…. 그렇습니다. 하지만 성경에서 말하는 '광야'는 단순히 모래와 바위뿐인 장소가 아닙니다.

광야는 히브리어로 '미드바르'(midbar)라고 합니다. 이 단어는 '말하다', '말씀하다'라는 뜻을 가진 '다바르'(davar)에서 왔습니다. 영적인 의미로 볼 때, 광야란 하나님의 말씀이 있는 곳입니다. 하나님의 말씀이 특별하게 들리는 곳, 그래서 우리 인생의 중요한 배움터입니다. 신기하지 않나요?

성경을 보면, 하나님의 위대한 사람들은 대부분 광야를 경험했습니다. 모세는 40년간 광야에서 양을 치며 준비되었고, 다윗은 광야에서 도망자로 지내며 왕의 자질을 갖추었습니다. 심지어 예수님도 공생애를 시작하기 전 40일 동안 광야에서 시험을 받으셨습니다.

광야는 단순한 사막이 아닙니다. 그곳은 하나님께서 특별히 마련하신 영적 훈련소이며, 하나님의 말씀을 깊이 배우는 '하나님나라의 학교'입니다. 광야에서는 세상의 소음과 방해가 사라지고, 오직 하나님과 일대일로 만나는 귀중한 시간이 주어집니다.

인생의 거품을 꺼뜨리는 광야

'내가 예수님을 믿었는데도 하나님은 왜 나를 이렇게 힘든 광야로 보내시는 걸까?'

혹시 이런 의문이 든 적이 있나요? 우리가 구원받았음에도 불구하고, 왜 하나님은 우리를 광야로 인도하실까요? 그것은 우리 인생에 많은 '거품'이 끼어 있기 때문입니다.

- 학력의 거품

- 재정의 거품
- 자기의에 대한 거품
- 자기 재산에 대한 거품

이런 것들을 의지하다 보니 '내 인생, 이만하면 되지 않을까?'라고 생각하게 됩니다.

하나님은 우리를 너무 사랑하시기 때문에, 자녀가 잘못된 길로 가는 것을 원하지 않으셔서 광야로 데려가십니다. 그 과정에서 우리는 고통스러운 경험을 합니다. 거품이 스러질 때, 즉 우리가 의지했던 것들이 사라질 때 정말 아픕니다.

'좋은 학교만 나오면 될 줄 알았는데….'

'돈을 좀 모으면 될 줄 알았는데….'

'자식들이 성공하면 행복할 줄 알았는데….'

그런데 그런 아픈 과정을 통해, 이런 것들이 인생의 궁극적인 목표가 아니라는 것을 깨닫게 됩니다.

중요한 것은 하나님이 우리를 벌하려고 광야로 보내시는 게 아니라는 점입니다. 우리를 사랑하시기 때문에 인생의 고통 가운데서도 우리를 부르시는 것입니다. 거품을 제거하고 진정으로 추구해야 할 복이 무엇인지를 가르쳐주고 싶으신 것이지요.

결론적으로, 하나님은 우리를 괴롭히려는 것이 아니라 우리에게 복을 주시기 위해 광야로 인도하십니다. 신명기 말씀이 알려주듯이, 우리가 천국의 사고방식을 배워 진정한 축복을 누리게 하시려는 것입니다.

훈련의 결과는 성장과 강인함

저는 경기도의 육군부대에서 민원 안내실 행정병으로 복무했습니다. 주중에는 민원인들, 주말에는 면회객들을 안내하는 평화로운 업무였죠. 다른 병사들과 달리 휴일 없이 근무했기 때문에 군사훈련을 거의 받지 않았습니다.

그런데 제가 병장이 되었을 때 새로 부임한 부대장이 모든 것을 바꿔놓았습니다. 특전사 출신인 그는 부대원들의 군기가 흐트러졌다고 판단하고, 특수부대 인원 모두 특수전교육단으로 위탁 교육을 보내기로 했습니다. 민원실에서 근무했지만, 소속은 경비소대였기에 저도 이 교육을 피할 수 없었습니다.

특수전교육단에 도착하니 훈련소 입구에는 이런 문구가 적혀 있었습니다.

"이곳을 거친 자여, 조국은 너를 믿노라!"

그것을 보는 순간 가슴이 쿵 내려앉으며 '얼마나 힘든 훈련이길래 이런 문구를 써놓았을까?' 하는 두려움이 밀려왔습니다.

교육은 상상 이상으로 힘들었습니다. 훈련소 안에서는 3보 이상 거리는 무조건 뛰어야 했고, 매 식사 후에도 달려야 했습니다. 첫날 교관은 팔 벌려 뛰기 1,000회를 명령했습니다. 처음에는 '설마 1,000회를 다 시키겠어?'라고 생각했지만, 실제로 1,000회를 채우게 했고, 몇몇 훈련생의 실수로 2,000회까지 늘어났습니다.

37도의 폭염경보 속에서도 훈련은 계속되었습니다. 모형 낙하산을 메고 땅에 구르는 훈련, 공수 PT, 끝없는 달리기…. 가장 큰 고통은 '타는 듯한 목마름'이었습니다. 너무 갈증이 심해 결국 땅바닥에 고인 흙탕물을 손으로 떠서 마시기까지 했습니다.

그날 훈련생 20명이 탈진으로 쓰러졌습니다. 처음에는 쓰러진 사람들이 안타까웠지만, 나중에는 오히려 부러웠습니다. 저도 이 고통에서 벗어나고 싶었기 때문입니다.

훈련을 다 마치고 나서야 부대 입구의 그 문구가 무슨 의미인지 깨달았습니다. 일주일간의 짧은 훈련이었지만, 제 심폐기능과 체력은 놀랍게 향상되었습니다. 극한의 훈련을 거치면서 제가 얼마나 강인해질 수 있는지 배웠습니다.

부대로 돌아온 후에는 스스로 달리기와 체력훈련을 하게 되었습니다. 이것이 바로 훈련의 결과였습니다. 고통스러운 환경 속에서의 훈련을 통해 저는 더 강한 군인으로 변화되고 있었던 것입니다.

이 이야기는 우리의 신앙생활에도 중요한 교훈을 줍니다. 하나님은 우리를 더 강하고 성숙한 믿음의 사람으로 만들기 위해 때로는 어려운 훈련의 시간을 허락하십니다. 그 과정이 힘들더라도, 그 훈련을 통과한 후에는 우리의 영적 체력과 믿음이 놀랍게 성장하게 됩니다. 시련을 통과해야만 더 성숙한 믿음의 사람으로 성장할 수 있습니다.

성경이 말씀하는 광야훈련의 목적

하나님은 우리를 사랑하셔서 그분의 백성으로 부르셨습니다. 그런데 그저 평범하게 살라고 부르신 것이 아닙니다. 부르신 다음에 특별한 사명을 주셨습니다.

… 너희가 내 말을 잘 듣고 내 언약을 지키면 너희는 모든 민족 중에서 내 소유가 되겠고 너희가 내게 대하여 제사장 나라가 되며 거룩한 백성이 되리라 …

출 19:5,6

하나님의 방식은 참 특별합니다. 한 사람을, 또 한 민족을 택하시는 것이지요. 당신도 택하셨습니다. 당신이 거룩한 제사장이 되어서 당신을 통해 하나님의 나라가 확장되기를 원하십니다.

이 백성은 내가 나를 위하여 지었나니 나를 찬송하게 하려 함이라 사 43:21

슬픔 속에서 세상을 한탄하는 노래를 부를 때는 마음이 더 울적해집니다. 하지만 인생의 어려움 속에서도 하나님을 찬송하기 시작하면, 그 목마름이 채워지기 시작합니다. 영적인 기쁨, 진정한 기쁨을 깨닫게 됩니다. 하나님을 찬송할 때 우리 인생도 회복되어 갑니다.

베드로전서 2장 9절에서는 이렇게 말씀합니다.

… 너희는 택하신 족속이요 왕 같은 제사장들이요 거룩한 나라요 그의 소유된 백성이니 이는 너희를 어두운 데서 불러내어 그의 기이한 빛에 들어가게 하신 이의 아름다운 덕을 선포하게 하려 하심이라

우리는 모두 한때 어둠 속에 있었습니다. '나 자신을 의지하지 않고는 이 세상에 소망이 없어', '아무도 믿을 사람이 없어'라고 생각했을 수 있습니다. 그런데 주님이 말씀하십니다.

"그것이 아니야. 너희가 나를 바라보고 나를 믿는다면 인생이 풀리게 되어 있어. 너희는 원래 그렇게 설계된 사람이 아니야."

예수를 믿었다고 해서 한 번에 예수님을 따르는 삶을 완벽하게 살 수 있을까요? 그렇지 않습니다. 우리는 예수님을 믿었지만, 여전히 세상적 습관과 사고방식으로 가득 차 있습니다.

예수님을 믿었어도 내 생각, 내 사고의 틀이 깨지지 않는 한 주님의 뜻대로 변화될 수 없습니다. 그래서 광야의 훈련이 필요한 것입니다.

광야는 끝이 아닌 새로운 시작의 장소입니다. 하나님께서 약속하신 '젖과 꿀이 흐르는 땅'으로 가는 필수 과정임을 기억하세요. 지금 광야를 지나고 있다면 낙심하지 마세요. 그곳은 하나님께서 당신을 더 크게 쓰시기 위해 특별히 준비하신 장소니까요.

함께 광야의 비밀을 발견하는 여정에 동참해주세요. 그 과정에서 우리의 시선이 세상의 일시적인 것들이 아닌, 영원히 변치 않는 하나님께 고정되기를 소망합니다.

신명기 8장이 알려주는 광야훈련학교의 목적

이렇듯 광야훈련은 우리를 강하게 성장시킵니다. 우리 인생의 거품을 제거하고 우리의 습관과 생각을 천국의 사고방식으로 바꾸어 새로운 정체성을 갖게 합니다.

그리고 저는 하나님께서 제 아내에게 주신 신명기 8장 말씀을 통해 광야의 모든 과정에는 우리를 그곳으로 인도하고 훈련하시는 하나님의 세 가지 목적이 있음을 깨닫게 되었습니다.

네 하나님 여호와께서 이 사십 년 동안에 네게 광야 길을 걷게 하신 것을 기억하라 이는 너를 낮추시며 너를 시험하사 네 마음이 어떠한지 그 명령을 지키는지 지키지 않는지 알려 하심이라 너를 낮추시며 너를 주리게 하시며 또 너도 알지 못하며 네 조상들도 알지 못하던 만나를 네게 먹이신 것은 사람이 떡으로만 사는 것이 아니요 여호와의 입에서 나오는 모든 말씀으로 사는 줄을 네가 알게 하려 하심이라 신 8:2,3

낮추심을 통한 겸손 훈련

첫째, 우리의 마음을 낮추기 위해서입니다.

하나님이 가장 싫어하시는 것은 교만입니다. 교만이란 언제나 내가 중심이 되려 하고, 내가 중심이 되지 않으면 만족하지 못하는 마음의 상태입니다. 이는 내가 하나님 자리에 앉으려는 것, 아니 하나님 자리에 앉아 있는 것과 같습니다. 주님은 그 교만을 낮추시기 위해 광야를 허락하십니다.

교회에서도 '이 자리에 내가 앉아야 해', '왜 나를 빼고 회의를 해?', '왜 목사님이 선교사님만 밥을 사주지?' 이런 생각들이 교만에서 비롯됩니다. 내가 중심이 되면 인생은 꼬여갑니다. 그 중심의 자리를 하나님께 내어드려야 합니다.

주님은 제가 제 능력과 지혜를 의지하던 교만을 꺾고 오직 하나님만 의지하게 하셨습니다. 광야는 이런 교만을 깨뜨리고 겸손하게 만드는 특별한 장소입니다.

시험을 통한 신앙 점검

둘째, 하나님의 말씀으로 살도록 가르치기 위해서입니다.

우리는 매일 세상의 방식대로 살 것인가, 아니면 하나님의 방식대로 살 것인가를 선택해야 합니다.

많은 사람이 자신은 하나님을 따른다고 말하지만, 정작 어려운 상황에서는 하나님보다 자신의 소유나 능력에 의지하곤 합니다. 진짜 내가 하나님을 신뢰하는지는 어려움을 실제로 마주했을 때 드러나는 법입니다. 하나님은 제 마음 깊은 곳까지 드러내셔서 제 믿음의 실체를 보게 하시고, 진정한 믿음과 순종을 배우게 하셨습니다.

광야에서는 의지할 것이 오직 하나님의 말씀뿐입니다. 풀은 마르고 꽃은 시드나 우리 주님의 말씀만 영원히 서 계십니다(사 40:8). 세상의 상담은 문제를 해결해주지 못합니다. 오히려 내가 믿었던 사람에게 이야기했다가 도움이 아닌 상처로 돌아오는 경우가 많습니다. 하지만 하나님이 말씀하시면 그 말씀은 그대로 이루어집니다.

진정한 복을 주심

셋째, 결국 우리에게 복을 주시기 위해서입니다.

만약 인생이 훈련만 받다가 훈련으로만 끝난다면 정말 슬플 것입니다. 하지만 훈련은 항상 어떤 목적을 위한 준비 과정입니다. 신명기 8장 16절은 "…이는 다 너를 낮추시며 너를 시험하사 마침내 네게 복을 주려 하심"이라고 말씀합니다.

하나님은 광야를 통해 결국 우리에게 복을 주려는 계획을 갖고 계십니다. 하나님의 복은 우리가 생각하는 방식과 다릅니다. 그러나 그 순서와 방향, 과정이 우리의 기대와 다를 뿐, 하나님은 반드시 우리에게 복을 주고 싶어 하십니다.

이것은 기복신앙과는 다릅니다. 한국의 많은 크리스천이 자신은 변화되지 않으면서 하나님이 내 기도에 응답해주시기만 바라는 기복신앙의 특징을 보입니다. 백일기도, 천일기도를 드리고 예배를 계속 드리지만, 변화는 없습니다.

올바른 기도와 예배는 내가 변화되는 것입니다. 내 욕심을 내려놓고, 내 생각과 다를지라도 하나님이 말씀하시면 순종하는 것입니다. 그것이 바로 하나님께 복을 받는 진정한 방법입니다.

하나님은 광야훈련을 통해 복을 주시고, 우리가 광야의 모든 과정을 기억하여, 하나님의 신실하심과 사랑을 평생 잊지 않게 하셨습니다.

돌아보니 광야에서의 모든 어려움은 우리를 더 깊은 감사의 자리로 이끌었습니다. 고통 가운데서도 하나님이 베푸신 작은 은혜들을 하나하나 기억하고 헤아릴 때마다 감사는 더욱 깊어지고 풍성해졌습니다.

어렵고 힘든 순간마다 하나님은 놀라운 방법으로 필요를 채워주셨고, 더 이상 견딜 수 없다고 생각하는 그 순간에는 반드시 피할 길을 열어주셨습니다. 이렇게 기억을 통한 감사 훈련을 통해 우리의 마음은 더욱 하나님께 향하게 되었고 그분을 더욱 깊이 사랑하게 되었습니다.

광야의 시간은 고통스럽지만, 그 시간을 통해 우리는 하나님을 더 깊이 알고, 더 성숙한 믿음의 사람으로 자라게 됩니다. 광야는 끝이 아닌 새로운 시작의 장소이며, 하나님께서 약속하신 더 큰 축복을 위한 준비 과정임을 잊지 마세요. 이 모든 과정에서 감사의 마음을 잃지 않는다면, 결국 하나님이 약속하신 진정한 복을 누리게 될 것입니다.

광야훈련학교의 커리큘럼

이러한 목적을 이루기 위해 광야에서 우리는 다섯 과목을 배우게 됩니다. 이것을 저는 "천국의 사고방식을 배운다"라고 표현하고 싶습니다. 이 다섯 과목이자 다섯 개의 사고방식 원리는 크게 두 가지 방향으로 나누어지는데 성경에서는 출애굽기 15장부터 18장에 걸쳐 나오며, 이 책에서는 앞으로 2부(3-5장)와 3부(6-7장)에서 다룰 것입니다.

그 커리큘럼을 간략히 소개하면 다음과 같습니다.

1) 하나님을 사랑하는 법(수직적 관계)

하나님이 나를 사랑하셨다면, 나는 어떻게 하나님을 사랑해야 할까요? 이것을 세 가지 원리를 통해 배웁니다.

- **1교시 복음으로 돌아가기(3장)**

내가 기대했던 것들이 무너지는 경험을 통해 하나님을 사랑하는 방법을 배웁니다. 하나님이 나를 버리신 게 아니고, 하나님이 나를 사랑하는 방식이 내 기대와 다르다는 것을 깨닫게 하는 과정입니다.

- **2교시 일용할 양식 의지하기(4장)**

건강과 재정의 문제를 통해 하나님의 공급하심을 배우고, 오늘 주신 은혜로 내일의 걱정 없이 살아가는 법을 익힙니다.

- **3교시 성령님으로 만족하기(5장)**

메마른 광야에서도 생수의 강이 흐르는 비결을 발견합니다.

2) 이웃을 사랑하는 법(수평적 관계)

- **4교시 공동체로 사랑하기(6장)**

혼자가 아닌 함께 걸어야 진짜 길이 됨을 배웁니다.
- **5교시 겸손하게 세워주기 (7장)**

지도자와 성도가 서로를 받쳐주는 아름다운 관계를 배웁니다.

광야의 시간은 사랑이다

광야의 경험을 통해 제가 얻은 가장 큰 깨달음은 바로 "인생의 즐거움과 평안은 하나님 그분을 소유할 때만 누릴 수 있다"라는 것입니다. 돈과 성공, 건강과 같은 세상적 기준에서가 아니라 성령의 충만함 속에서 주님을 찬양하고 예배할 때 비로소 참된 기쁨을 맛보게 됩니다.

하나님께서 우리를 광야로 인도하시는 이유는 그곳에서 하나님의 말씀이 더욱 선명하게 들리도록 하기 위해서이고, 우리가 세속적인 방식에서 벗어나 하나님나라의 사고방식, 즉 천국의 사고방식을 배우게 하기 위해서입니다.

광야는 결코 낭비되는 시간이 아니라 하나님의 사랑을 깊이 배우는 학교입니다. 제 인생에는 이 책에서는 거의 나누지 못한, 너무도 큰 고통과 아픔이 있었습니다. 그러나 그 모든 고통과 아픔은 결국 하나님의 더 큰 사랑을 경험하기 위한 필연적인 과정이었다는 것을 저는 광야훈련학교를 통해 깨닫게 되었습니다.

저는 이제 주님을 사랑하는 그 마음으로 가득하여, 가정에서도 교회에서도 더 많이 섬기고자 하는 마음이 자발적으로 우러나오게 되었습니다. 저의 부족함과 연약함마저 품어주시고, 끝까지 동행하며 은혜를 베푸신 주님께 감사드립니다.

광야의 시간은 하나님이 우리를 더 사랑하시기 때문에 허락하신 특별한 선물입니다. 그 시간을 통해 우리는 더 깊은 하나님의 사랑을 배우고, 더 견고한 믿음의 사람으로 성장하게 됩니다.

당신도 지금 광야 같은 시간을 보내고 있다면, 낙심하지 마세요. 그곳에서 하나님을 만나고 그분의 사랑을 깊이 체험하게 될 것입니다. 하나님은 반드시 당신의 삶을 선하게 이끌어주실 것입니다.

◐ 묵상 및 나눔 질문 ◐

1. 광야는 '의지하던 모든 것이 사라지고 앞이 보이지 않는 막막한 상황'이라고 했습니다. 당신의 삶에서 이런 '광야의 순간'을 경험한 적이 있나요? 그때 어떤 감정을 느꼈나요?

2. '광야'(미드바르)는 '하나님의 말씀이 있는 곳'이라고 했습니다. 삶의 어려운 시기에 하나님의 말씀이 어떤 위로와 힘이 되었는지 나누어보세요.

3. 하나님은 인생의 '거품'(학력, 재정, 자기의, 자기 재산)을 제거하시려고 광야로 인도하십니다. 당신은 어떤 '거품'을 의지하며 살고 있나요? 그것은 당신에게 진정한 만족이 되었나요?

4. 예수님은 "자기를 부인하고 날마다 제 십자가를 지고 나를 따르라"(눅 9:23)라고 하셨습니다. 실제 삶에서 하나님의 뜻과 나의 뜻이 충돌할 때, 내 뜻을 포기하는 것이 왜 그토록 어려울까요? 자기부인의 경험을 나누어보세요.

5. 성경은 광야에서의 시험이 "마침내 네게 복을 주려 하심"(신 8:16)이라고 말합니다. 이는 "시험을 당하거든 온전히 기쁘게 여기라"(약 1:2)라는 말씀과 어떻게 연결됩니까? 고난을 통한 성숙의 과정에서 하나님의 교육적 의도는 무엇이라고 생각하나요?

6. 본문은 기복신앙과 진정한 믿음의 차이를 설명합니다. 올바른 기도와 예배는 '내가 변화되는 것'이라고 했는데, "너희는 이 세대를 본받지 말고 마음을 새롭게 함으로 변화를 받아"(롬 12:2)라는 말씀과 연관 지어볼 때, 광야훈련이 우리의 영적 변화에 어떻게 기여한다고 생각하나요?

7. 이 장을 통해 당신의 현재 '광야'를 어떻게 새롭게 바라보게 되었나요? 이 시간을 통해 하나님께서 이루고자 하시는 것이 무엇이라고 생각하나요?

2부

광야의 시험: 믿음의 단련

3 쓴물에서 단물로

실망이 회복으로 바뀌는 순간

출애굽기 15장 22 - 27절

기쁨 뒤에 찾아온 위기

광야는 마치 하늘의 지혜를 배우는 학교 같습니다. 하나님나라의 사고방식은 하루아침에 배울 수 없고, 계속된 습관과 훈련이 필요합니다. 우리가 문제를 만날 때마다 자꾸 몸의 욕심대로 기울어지는 것은 타고난 죄성 때문입니다. 그럴 때마다 하나님 말씀에 의지해야 합니다. 그렇게 할 때 비로소 하늘의 지혜를 배우고 천국을 경험할 수 있습니다.

하늘의 지혜는 결국 '하나님을 사랑하고 이웃을 사랑하는 법'입니다. 2장 마지막 부분의 '광야훈련학교의 커리큘럼'에서 소개했듯이, 천국의 사고방식을 배우는 다섯 과목은 바로 이렇게 '하나님을 사랑하는 법'과 '이웃을 사랑하는 법'의 두 방향으로 나뉩니다. 광야에서 우리는 바로 이 두 가지 사랑을 실천적으로 배우게 됩니다.

이번 장은 그 1교시로, 마라에서 엘림에 이르는 여정 속에서 마라의 쓴물이 단물이 되는 사건을 통해, 우리의 기대가 무너졌을 때 어떤 태도를 취해야 하는지 살펴보겠습니다.

기적이 일어나도 고난은 다시 찾아온다

출애굽기 14장에서 이스라엘 백성은 정말 절망적인 상황에 처했었습니다. 앞에는 바다가 막혀 있는데, 뒤에는 세상에서 가장 강한 군대인 애굽 군대가 쫓아오고 있었습니다! 마치 우리가 인생에서 만나는 여러 문제(인간관계, 용돈, 건강, 공부, 진로 등) 앞에서 답이 안 보이는 것처럼 말입니다.

'나는 희망이 없다. 내 인생은 끝났다. 앞을 봐도 문제뿐이다' 그런 심정으로, 아침에 눈 뜨기도 싫을 만큼 절박한 상황이었는데 하나님께서 놀라운 방법으로 이스라엘 백성을 구원해주셨습니다.

그래서 바다를 건넌 후 출애굽기 15장에서 모세와 이스라엘 자손과 미리암은 기쁨의 노래로 하나님을 찬양했습니다. 우리가 예수님을 처음 만났을 때 얼마나 기뻤습니까? 죄와 죽음에서 구원받은 후 얼마나 큰 기쁨의 외침을 질렀습니까? 모세와 미리암도 그랬습니다.

이런 기적을 경험하면 그다음부터는 탄탄대로가 펼쳐지고 좋은 일만 계속될 것 같지만, 놀랍게도 그렇지 않았습니다. 성경은 놀라운 기적을 경험한 직후에도 어려움이 찾아올 수 있음을 보여줍니다. 그 큰 기적을 경험한 후 3일 동안 광야를 걸었지만, 마실 물이 한 방울도 없었던 것입니다!

집에서 3일 동안 물을 못 마신다고 상상해보세요. 목이 말라 견딜 수 없을 것입니다. 그런데 이건 집이 아니라 뜨거운 광야입니다! 광야에서 3일 동안 물 한 모금 없이 걸었다면, 단순히 목마른 것을 넘어 몸과 마음이 무너지기 시작했을 것입니다.

몸의 고통도 힘들지만, 마음의 고통은 더 견디기 어렵습니다. 의지할 곳이 없을 때 우리는 무너지기 쉽습니다. 이스라엘 백성은 바로 그런 상태에 도달했습니다.

이런 위기 상황에서 두 부류의 사람을 볼 수 있습니다. 원망하는 사람과 기도하는 사람입니다. 어려움을 만났을 때 당신은 원망할 건가요, 아니면 기도할 건가요? 이 중요한 선택에 대해 함께 생각해보겠습니다.

원망하는 사람의 특징

우리 주변에는 항상 원망하는 사람들이 있습니다. 그들의 삶을 자세히 들여다보면, 몇 가지 공통점이 보입니다. 이런 특징들을 알아보는 것은 자신의 마음을 돌아보는 좋은 기회이기도 합니다.

부정적인 시각

원망하는 사람의 첫 번째 특징은 부정적인 마음의 렌즈를 갖고 있다는 것입니다. 이들은 같은 상황을 봐도 항상 어두운 면을 먼저 발견합니다. 햇살 가득한 날에도 '곧 비가 올 거야'라며 걱정하는 사람과 같습니다. 이런 부정적인 시각은 단순한 성격 문제가 아니라 더 깊은 영적 상태를 보여주는 것입니다.

문제가 생기면 그 원인을 항상 자신이 아닌 다른 곳에서만 찾으려 합니다. "이건 선생님 때문이다", "친구가 그렇게 했으니까 이런 일이 생긴 거야", "저 사람은 왜 그런 말을 했을까?"라는 말들이 입에서 자연스럽게 나옵니다. 이것은 자신의 좁은 시각으로만 모든 상황을 해석하는 습관에서 비롯됩니다.

신뢰 부족이 원망의 시작이다

부정적인 시각의 핵심에는 신뢰 부족이 자리 잡고 있습니다. 하나님을 향한 깊은 신뢰와 사람들을 향한 기본적인 신뢰가 부족할 때 불평과 비난으로 반응하게 됩니다.

마음 깊은 곳에 하나님을 향한 신뢰가 있다면, 어려운 상황에서도 첫 반응은 원망이 아닌 솔직한 고백이 될 것입니다. "하나님, 저는 지금 무너질 것 같습니다"라고 말할 수 있는 것이 오히려 건강한 신앙의 모습입니다. 하지만 입에서 자동으로 원망과 불평이 나온다면 마음에 세상의 방식이 자리 잡고 있다는 신호일 수 있습니다.

원망의 나선형 계단

원망하는 사람의 또 다른 특징은 끊임없이 남을 탓하다가 결국 '이 세상에서 가장 불쌍한 사람은 나'라는 결론에 도달해 자기연민의 늪에 빠진다는 것입니다. 이는 영적으로 많이 무너져 있는 모습이며, 우울증으로 이어질 수 있는 위험한 상태입니다.

삶의 인과관계는 생각보다 훨씬 복잡해서 나도 모르는 사이에 내가 어떤 상황에서는 가해자가 되기도 하고, 또 다른 상황에서는 피해자가 되기도 해요. 그러므로 문제의 원인을 찾을 때 가장 먼저 살펴볼 것은 '나 자신의 모습'입니다.

하지만 원망의 습관에 빠진 사람은 '나는 피해자이고 세상에서 가장 불쌍한 사람'이라는 생각을 이미 굳게 세워두었기에, 모든 말과 행동이 비판과 불평으로 이어질 수밖에 없습니다.

관계 악화와 공동체 불화로

원망하는 사람은 대체로 소극적인 모습을 보입니다. 문제를 해결하려고 적극적으로 노력하기보다는 현실에 대한 불만을 토로하는 데 더 많은 에너지를 쏟습니다.

자세히 관찰해보면, 이들은 정말 열심히 살아가지 않는 경우가 많습니다. "어떻게 하면 이 상황을 개선할 수 있을까?"라는 진취적인 질문보다는 "왜 이런 일이 나에게 일어나야만 했을까?"라는 질문에 머물러 있습니다.

이런 태도는 결국 관계의 악화로 이어집니다. 누구라도 항상 원망과 불평을 쏟아내는 사람과는 시간을 보내고 싶지 않을 것입니다. 기쁨이 가득한 날, 행복한 하루를 보내고 있는데 어떤 사람이 만나자마자 "요즘 세상이 왜 이러냐", "우리 회사는 문제가 너무 많다" 이런 말부터 시작한다면 당신의 기분은 어떨까요? 다시 만나고 싶은 마음이 들지 않을 것입니다.

원망과 불평은 개인적인 관계뿐만 아니라 공동체 전체에도 나쁜 영향을 미칩니다. 학교나 교회 안에서 "우리 반은 저 친구가 문제다", "우리 동아리의 활동 방식이 잘못됐다"라는 식의 불평이 퍼지면 공동체의 화합과 하나 됨이 깨집니다. 이런 불화는 개인의 마음속에 자리 잡은 불평과 원망의 씨앗이 자라난 결과입니다.

영적 성장의 장애물

원망과 불평이 가져오는 가장 심각한 결과는 영적 침체입니다. 원망할수록 마음은 더욱 가라앉고, 영적인 활력을 잃게 됩니다. 마치 한번 화를 내기 시작하면 더 화가 나는 것처럼, 원망도 그렇게 자랍니다. 반면에 감사는 감사할수록 더 커지는 신비한 원리가 있습니다.

영적 침체에 빠진 사람은 결국 하나님에 대한 신뢰마저 약해집니다. 원망과 불평의 가장 큰 피해는 하나님과의 관계가 멀어지고 믿음이 흔들린다는 것입니다. 이렇게 되면 영적 성장과 성숙은 어려워질 수밖에 없습니다.

우리 마음의 신호등

일상적인 반응은 그 사람의 영적 상태를 보여주는 신호등과 같습니다. 아침에 눈을 떴을 때 감사와 찬송이 먼저 떠오른다면 그것은 성령으로 가득 차 있다는 증거입니다. 일상 속에서 작은 일에도 감사할 수 있다면, 그것 역시 그 안에 성령이 일하고 계신다는 표시입니다. 다른 사람을 지배하거나 통제하려는 마음보다 섬기고 순종하려는 마음이 더 크다면, 그것은 분명 성령의 열매입니다.

하지만 우리의 타락한 본성은 종종 우리를 반대 방향으로 이끕니다. 어려움이 찾아오면 과거에 경험했던 하나님의 신실하심보다는 나의 상처와 아픔, 쓴 경험만을 떠올리게 됩니다. 이런 차이는 우리가 무엇을 바라보느냐에 달려 있습니다. 주님의 영이 우리 안에 가득하지 않으면, 우리의 시선은 가려져 항상 환경과 상황, 다른 사람들만 탓하게 됩니다.

기도하는 사람의 특징

같은 상황에서도 어떤 사람은 원망을 선택하고, 어떤 사람은 기도를 선택합니다. 출애굽기 15장 25절에는 "모세가 여호와께 부르짖었다"라는 구절이 나옵니다. 이스라엘 백성들이 마라의 쓴물 앞에서 원망할 때, 모세는 하나님께 부르짖었습니다.

이처럼 위기의 순간에 우리의 선택은 자신의 영적 상태를 그대로 드러냅니다. 기도하는 사람들에게는 어떤 특징이 있을까요? 그들의 삶을 통해 신앙의 본질을 발견할 수 있습니다.

긍정적인 태도

기도하는 사람의 첫 번째 특징은 긍정적인 태도입니다. 그들은 어려운 상황 속에서도 희망의 빛을 발견하려 합니다. 이는 단순한 낙관주의가 아닌, 하나님의 선하심과 신실하심에 뿌리를 둔 깊은 소망입니다. 마치 어두운 터널을 지나는 기차가 끝에 있는 빛을 향해 나아가듯, 기도하는 사람들은 어둠 속에서도 빛을 바라봅니다.

이러한 태도는 하나님에 대한 깊은 신뢰에서 비롯됩니다. 사실 기도하지 않는다는 것은 하나님을 온전히 신뢰하지 않는다는 증거일 수 있습니다. 입술로는 "하나님, 사랑합니다. 하나님, 신뢰합니다"라고 고백하면서도 삶의 위기 앞에서 기도하지 않는다면 그것은 진정한 신뢰가 부족하다는 신호입니다. 정직하게 그리고 객관적으로 말하자면, 신뢰가 없으니 기도하지 않는 것입니다. 하나님을 진정으로 신뢰하는 사람은 어려움 앞에서 더욱 간절히 부르짖습니다.

기도의 간절함과 적극성

기도하는 사람의 또 다른 특징은 간절함입니다. 그들은 형식적인 기도가 아닌, 마음 깊은 곳에서 우러나오는 간절한 외침으로 하나님께 나아갑니다. 이는 마치 깊은 바다에서 허우적거리는 사람이 구원의 손길을 찾는 것과 같습니다. 절박한 상황 속에서 하나님께 도움을 구하는 이 간절함이 기도의 능력을 이끌어냅니다.

또한 단순히 하늘만 바라보며 수동적으로 기다리는 게 아니라 하나님을 신뢰하는 가운데 적극적으로 행동합니다. 저와 협력하는 한 교회의 목사님은 이러한 적극적인 태도의 좋은 예로 생각됩니다.

목사님은 서울에서 교회를 개척하기 위해 무려 100곳이 넘는 장소를 직접 찾아다니며 교회 공간을 구하는 놀라운 인내와 끈기를 보여주었습니다. 저는 그런 모습을 지켜보면서 '저돌적인 탱크'라는 표현이 떠올랐습니다. 아무리 상황이 어렵고 문이 닫혀 있어도 포기하지 않고 계속해서 전진했기 때문입니다.

수많은 거절과 실망으로 '안 될 것 같은데…'라는 생각이 들 법한 상황에서도, 그는 탱크처럼 앞으로 나아갔고, 결국 하나님은 때가 되어 두 곳의 장소를 허락해주셨습니다.

이것이 바로 기도하는 사람들의 특징입니다. 원망하는 사람은 수동적으로 상황을 탓하며 주저앉지만, 기도하는 사람은 적극적으로 문제 해결을 위해 행동합니다.

기도의 열매

하나님을 신뢰하는 사람들은 이같은 적극적인 태도 가운데 풍성한 열매를 맺게 됩니다. 그 결과, 하나님과의 관계가 더욱 깊어지고, 공동체에 긍정적인 영향을 줍니다.

기도는 단순한 종교적 의무가 아닙니다. 살아계신 하나님과의 친밀한 교제입니다. 기도하는 사람은 기도를 통해 하나님의 마음을 더 깊이 알게 되고, 그분의 뜻에 더 가까이 다가갑니다.

또한 기도하는 사람은 공동체에 긍정적인 영향을 미칩니다. 그 목사님의 적극적인 태도는 공동체의 분위기를 "한번 해보자"라는 긍정적인 방향으로 바꾸었습니다. 힘들고 어려운 상황에서도 "그것이 잘못됐어. 안 돼"라고 말하는 대신, "우리 한번 해봅시다. 기도하면 길이 열립니다"라고 격려하는 희망과 도전의 문화가 형성되었습니다.

이런 공동체의 문화는 바로 기도하는 사람들을 통해 조성되는 것입니다. 이런 신앙의 문화가 우리 교회와 가정, 일터에 흐르게 할 때, 어떤 위기 속에서도 흔들리지 않는 견고한 공동체를 세워갈 수 있을 것입니다. 기도의 사람들이 모인 곳에는 항상 소망과 생명력이 넘칩니다.

경험을 통한 공감의 능력

하나님은 왜 그 목사님이 100곳 이상을 찾아다닌 후에야 장소를 허락하셨을까요? 제 생각에는, 하나님께서 한국 교회를 위해 그를 특별히 쓰시려는 계획 가운데, 개척 교회의 아픔과 어려움을 깊이 경험하게 하시려는 뜻이 있었던 것 같습니다.

그 결과, 지금 목사님은 자신의 교회 공간을 여러 교회와 단체에 공유 공간으로 개방하고 있습니다. 한 공간을 네 곳의 교회와 네 개의 단체, 그리고 저를 포함하면 아홉 개의 모임이 함께 사용하고 있습니다. 저는 주로 아침에 그곳에 가서 두세 시간 기도하고 때로는 혼자 녹화도 하는데, 그 공간을 볼 때마다 얼마나 감사한지 모릅니다.

자신의 공간을 다른 이들에게 열어준다는 것은 결코 쉬운 일이 아닙니다. 청소와 관리만 해도 얼마나 수고스러운지 모릅니다. 내 마음대로 되지 않는 일들도 많습니다. 그런데도 목사님은 기꺼이 이 일을 감당하고 있습니다.

만약 장소를 찾아 헤매는 어려움을 직접 경험하지 않았다면, 그가 개척 교회 사역자들의 마음을 깊이 이해할 수 있었을까요? 아마도 지금만큼은 아니었을 것입니다.

어려움을 몸소 겪어본 사람만이 같은 어려움에 처한 이들의 마음을 진정으로 알 수 있습니다. 그들의 절박함과 아픔을 알기에 진정한 위로와 도움의 손길을 내밀 수 있고, 그 눈물의 의미를 깨달아 다른 이들을 품어줄 수 있는 것입니다. 우리의 경험을 통해 다른 이들을 섬기는 것은 하나님께서 우리에게 시련을 허락하시는 이유 중 하나입니다.

하나님을 제한하지 말고 순종하라

모세가 나무를 물에 던지자 놀라운 일이 일어났습니다. 쓴물이 단물로 변한 것입니다!

> 모세가 여호와께 부르짖었더니 여호와께서 그에게 한 나무를 지시하시니 그가 물에 던지매 물이 달아졌더라 출 15:25

이 사건은 우리에게 중요한 교훈을 줍니다. 하나님을 제한하지 마세요. 하나님이 지혜를 주실 때, 즉시 온전히 기쁘게 순종하는 사람만이 하나님의 기적을 경험할 수 있습니다.

우리 삶에서도 이성과 순종 사이에서 갈등하는 순간이 많이 있습니다. 우리의 상식에 맞지 않을 때도 주님을 따르는 것은 정말 어렵습니다. 마음 속에 갈등이 있기 때문입니다.

자기부인의 광야훈련

오늘날 우리가 살아가는 이 시대를 '말세'라고 합니다. 신학적으로 말세는 예수님의 초림부터 재림 사이의 기간을 말합니다. 디모데후서 3장에서는 말세의 특징을 "사람들이 자기를 사랑하며 돈을 사랑하며 자랑하며 교만하며 비방하며 부모를 거역하며 … 쾌락을 사랑하기를 하나님 사랑하는 것보다 더하며"(딤후 3:2,3)라고 말합니다.

이것이 바로 오늘날 우리 시대의 모습이 아닌가요? 많은 사람이 '돈이면 된다'라고 생각하고, 부모님을 제대로 공경하지도 않습니다. 이런 말세에 하나님은 "근신하라, 깨어라. 대적 마귀가 우는 사자같이 두루 다니며 삼킬 자를 찾고 있다"(벧전 5:8)라고 경고하십니다.

많은 사람이 관계 문제, 재정 문제, 건강 문제, 교육과 진로 문제로 고통받고 있습니다. 그들을 상담할 때마다 저는 "당신의 뜻을 내려놓아야 합니다"라고 말합니다. 광야훈련학교에서 가장 중요한 것은 천국의 사고방식을 배우는 것이고, 그 첫 번째는 자기를 부인하는 것입니다.

예수님도 "아무든지 나를 따라오려거든 자기를 부인하고 날마다 제 십자가를 지고 나를 따르라"(눅 9:23)라고 말씀하셨습니다. 제자가 되는 첫 시작은 자기를 부인하는 것입니다. 천국 백성답게 사는 첫 시작은 하나님의 뜻과 내 뜻이 충돌할 때 내 뜻을 포기하는 것입니다.

그런데 우리는 너무 잘나서 내 뜻을 포기하지 않습니다. 내 경험, 내가 배운 지식이 먼저입니다. 고집을 부리면 어떻게 될까요? 계란으로 바위를 치는 것과 같아서 나만 다치게 됩니다. 자기를 부인하지 못하는 신앙은 자기 뜻을 선택한 순간은 만족할지 모르지만, 그 이후에는 고통의 문이 계속 열립니다.

순종할 때는 잠깐 고통이 따릅니다. 자기를 부인하고 자기 뜻을 포기하는 것은 아프기 때문입니다. 그러나 그 순간은 아픈 것 같아도, 그 이후의 인생은 평안합니다.

세상의 방식으로는 하나님의 복을 온전히 받을 수 없습니다. 그래서 하나님은 우리에게 천국의 사고방식을 가르쳐주십니다. 광야에서 가장 중요한 자세는 '자기부인', 즉 겸손함입니다. 내 생각과 하나님의 뜻이 다를 때도 하나님을 따르는 것이 바로 자기부인입니다. 이렇게 할 때 광야를 잘 통과하고 하나님이 예비하신 축복에 이를 수 있습니다.

내 예상을 뛰어넘는 새로운 응답 방법

제가 캐나다에 있을 때의 경험을 나누고 싶습니다. 많은 사람이 캐나다, 특히 밴쿠버를 '천국 밑에 있는 낙원'이라고 부르지만, 제게는 광야와 같았습니다. 영어도 잘 안 되고, 말도 어눌해지고, 자존감도 바닥까지 떨어진 상태로 살았습니다.

저는 제 나름대로 똑똑하다고 생각했고, 마음만 먹으면 무엇이든 할 수 있다고 생각했는데 캐나다에서는 안 되는 것이 너무 많았습니다. 마치 이스라엘 백성이 애굽을 떠나 광야에서 어려움을 겪은 것처럼, 저도 많은 어려움을 겪으며 제힘으로는 아무것도 할 수 없다는 것을 배웠습니다.

어느 날, 둘째 딸의 기저귀가 떨어졌는데 살 돈이 없었습니다. 가장으로서, 목회자로서 정말 자존심이 상했습니다. 예전에 한국에 있을 때는 돈이 부족한 적은 없었는데 지금은 기저귓값 3만 원이 없다니, 마음이 정말 무거웠습니다.

제 아내는 이 기저귓값을 주시거나 기저귀를 후원해달라고 간절히 기도했지만 기도 응답이 바로 오지 않는 것 같았습니다. 그러던 어느 날 식사 시간, 어떤 분이 낚시해서 갖다주신 연어를 먹고 있을 때 아내가 깨달음을 얻고 제게 말했습니다.

"내가 이 귀한 연어를 먹으면서 내 처지가 불쌍하다고 생각하면 안 될 것 같아. 하나님이 이렇게 우리에게 공급해주시는데…."

그날 중보기도 모임이 있어 출발했는데 쇼핑센터 앞을 지날 때 아내가 하나님께서 감동을 주신 것 같다며 차를 멈춰보라고 했습니다. 저는 현금 20달러와 포인트 카드 10달러밖에 없어서 마음이 무거워졌습니다. "여보, 여기 가면 내 마음이 너무 아플 것 같아. 기저귀를 못 사니까 안 가면 좋겠어"라고 말했지만 아내는 하나님이 자꾸 감동을 주신다고 했습니다.

"그러면 가야지. 대신 내가 20달러를 줄 수 있는데, 10달러는 남겨와야 해. 차량 기름값이 없어. 정말 미안해."

그런데 쇼핑센터에 들어간 아내가 얼마 지나지 않아 양손에 기저귀 한 박스씩 들고 울며 웃으며 뛰어왔습니다. 기저귀가 왜 2박스냐고 물었더니, 울면서 "여보, 이거 10달러에 팔고 있어요"라고 말했습니다.

제가 캐나다에서 8년 반을 살았지만, 한 번도 그렇게 판 적이 없었습니다. 그날 그 시간에 딱 3박스만 10달러에 팔고 있었던 것입니다. 그 두 박스를 가지고 와서 하나님께 얼마나 감사했는지 모릅니다.

기적은 순종하는 자에게 이루어진다

그 기저귀를 보면서 우리 부부는 "하나님, 죄송합니다. 이제는 하나님의 뜻대로 살고 싶습니다. 하나님, 우리가 하나님의 뜻을 제한하지 않겠습니다"라고 고백했습니다.

그 뒤부터는 하나님께 기도할 때 이런 훈련이 생겼습니다. 당장 기도했는데 우리 방식대로 기도의 문이 열리지 않을 때도 우리는 여전히 주님을 신뢰합니다. 돈이 없을 때도 여전히 주님을 신뢰합니다.

저는 이 경험을 통해 중요한 교훈을 배웠습니다. 하나님께 부르짖으면 하나님은 응답하십니다. 그러나 종종 그 응답은 우리가 기대하고 예상하는 방식과 다를 수 있습니다. 그럴지라도 하나님을 제한하지 않고 그분의 인도하심에 순종하면 놀라운 공급하심을 경험하게 됩니다.

우리는 돈 3만 원 또는 기저귀를 후원받는 것이 방법이라고 생각했으나, 이 일을 통해 하나님은 우리가 이미 가진 것으로도 그 문제를 푸실 수 있다는 것을 깨달았습니다. 우리의 이성으로는 '돈이 이것밖에 없는데, 안 될 것 같은데'라고 생각했지만, 순종했더니 기적을 경험한 것입니다.

부르짖는 기도를 통해 하나님께서 지혜를 주실 때, 우리에게 필요한 것은 즉각적이고 온전한 순종입니다. 비록 그 지혜가 내 이성과 경험을 거스르더라도, 하나님의 말씀이라면 기쁘게 순종하며 그 길을 걸어가는 것이 중요합니다.

모세가 나무를 물에 던졌을 때 쓴물이 단물로 변했듯이, 우리도 하나님의 지혜에 순종할 때 기적을 경험하게 됩니다. 기적은 순종하는 사람에게 주어지는 하나님의 선물이고, 순종은 기적의 문을 여는 열쇠입니다. 순종이 우리의 힘입니다.

기도의 길을 선택하라

우리 인생에는 마라와 같은 쓴 경험들이 찾아옵니다. 기대했던 일이 무너지고, 계획했던 것이 틀어질 때가 있습니다. 그때 우리는 '원망할 것인가, 기도할 것인가?' 이 두 선택 앞에 서게 됩니다. 이 선택이 자신의 삶과 영적 여정의 방향을 결정합니다. 마라의 쓴물 앞에서 당신은 어떤 길을 택할 것인가요?

원망은 우리의 시선을 문제와 다른 사람들로 향하게 하지만, 기도는 하나님께로 향하게 합니다. 원망은 우리를 더 깊은 절망으로 이끌지만, 기도는 소망과 해결책으로 인도합니다.

모세가 광야의 마라에서 하나님께 부르짖었을 때 하나님께서 쓴물을 단물로 바꾸어주셨듯이, 우리가 원망 대신 기도를 선택할 때 하나님은 우리 삶의 쓰라린 경험 속에서 소망을 발견하게 하시고 쓰디쓴 인생을 달콤한 은혜의 스토리로 변화시켜주실 것입니다.

기도를 선택하는 사람이 되십시오. 당신의 입술이 원망과 불평을 쏟는 입술이 아니라 "하면 된다", "나는 할 수 있다", "주님 안에서 할 수 있다"라고 말하는 입술이 되게 하십시오. 하나님의 은혜 안에서 감사하며 걷는 길이야말로 진정한 평안과 기쁨을 누리는 길임을 기억해야 할 것입니다.

기도의 사람이 되는 것은 하루아침에 이루어지는 일이 아닙니다. 그것은 매일의 선택과 훈련을 통해 형성되는 삶의 패턴입니다. 오늘 우리에게 닥친 어려움이 무엇이든, 그것을 기도의 제목으로 바꾸어 하나님께 나아가는 훈련을 시작해 봅시다. 그때 우리는 원망이 아닌 기도가 열어가는 새로운 차원의 삶을 경험하게 될 것입니다.

이제 원망의 습관을 끊어버리고, 우리의 입술이 기도의 입술이 되게 할 것을 다짐합시다.

"하나님, 저는 당신만을 신뢰하며 나아가겠습니다. 어려움 앞에서 원망하기보다 당신 앞에 엎드려 부르짖겠습니다."

또한 지금 당신의 삶에 쓴 문제들이 있다면, 그 문제들을 하나님 앞에 가져가 기도하십시오. 하나님은 반드시 응답하십니다. 이렇게 기도해보세요. "하나님, 제게 지혜를 주시고, 이 어려움을 해결할 방법을 가르쳐주세요. 하나님의 이름을 높이는 삶을 살 수 있도록 도와주세요. 하나님이 예비하신 복을 받을 수 있는 사람이 되게 해주시고, 제 영혼을 살리고 깨어나게 해주세요."

성경은 우리에게 이렇게 약속합니다.

아무것도 염려하지 말고 다만 모든 일에 기도와 간구로, 너희 구할 것을 감사함으로 하나님께 아뢰라 그리하면 모든 지각에 뛰어난 하나님의 평강이 그리스도 예수 안에서 너희 마음과 생각을 지키시리라 빌 4:6,7

새로운 사고방식으로 살기

우리는 이스라엘 백성이 광야에서 경험한 고난과 하나님의 은혜를 통해 중요한 교훈을 배웠습니다. 우리의 기대가 무너진 상황에서도 여전히 우리를 돌보시는 하나님의 신실하심을 배웠고, 우리 인생이 때로는 쓴물과 같더라도, 하나님은 반드시 그것을 단물로 바꿔주시는 분임을 보았습니다.

마라의 쓴물이 나무를 통해 단물로 변한 것처럼 우리의 사고방식도 세상적 방식에서 천국의 방식으로 변할 수 있고, 원망 대신 기도를 택할 때 쓴물 같은 인생이 단물 같은 인생으로 바뀔 수 있습니다.

천국의 사고방식은 우리의 시선이 문제 대신 하나님께 고정되고, 원망이 아닌 기도로 반응하며, 주저함이 아닌 순종으로 행한다면 우리는 천국의 가치관으로 살아가는 것입니다. 이렇게 기도하고 순종하며 살아갈 때, 우리는 다음과 같은 변화를 맛보게 됩니다.

첫째, 주님과의 관계가 깊어집니다.

누구보다 주님을 가까이 알아가고, 주님의 임재를 경험하게 됩니다. 그래서 하나님과 깊은 동행을 경험하며 살아갈 수 있습니다.

둘째, 공동체에 축복이 됩니다.

당신의 긍정적인 영향력으로 인해 공동체가 복을 받고, 당신의 가정에 평화와 기쁨이 흘러넘치게 됩니다.

셋째, 쓴 경험이 달콤한 간증으로 변화됩니다.

마라의 쓴물이 단물로 변한 것처럼, 삶의 어려움도 하나님의 능력으로 아름다운 간증이 됩니다.

이 세상은 많은 어려움으로 가득하지만, 우리는 예수님을 믿는 사람입니다. 예수님은 이미 십자가에서 우리의 모든 저주와 고통을 담당하셨습니다. 그리스도 안에서 우리는 새로운 피조물이 되었습니다. 이제 함께 결단합시다.

"주님, 저는 아무것도 염려하지 않기로 결심합니다. 모든 일에 기도와 간구로 제가 필요한 것을 감사함으로 하나님께 아뢰겠습니다. 원망 대신 기도를, 불신 대신 신뢰를, 의심 대신 순종을 선택하겠습니다. 제 삶을 통해 하나님의 놀라운 능력과 사랑이 드러나게 해주십시오."

출애굽기 15장 27절을 보면, 이스라엘 백성은 마라를 지나 엘림으로 갔습니다. 엘림은 풍성함을 상징합니다. 거기에는 12곳의 물 샘이 있었습니다. 이는 이스라엘 열두 지파를 상징하는 것으로, 하나님께서 한 지파도 예외 없이 모든 지파에게 풍성하게 물을 주시고 먹이시는 것을 보여줍니다.

우리 인생의 저주는 이미 십자가에서 예수님이 다 끝내버리셨습니다. 우리는 더 이상 저주받은 인생이 아닙니다.

우리에게 필요한 것은 원망이 아닌 기도, 그리고 하나님의 지혜에 대한 순종입니다. 이것이 있을 때 엘림의 풍성함을 경험하게 될 것입니다. 우리의 신체적, 정신적 모든 필요를 해결해주시고 치유해주시고 풍성함을 주시는 이 하나님이 우리의 하나님이십니다. 하나님께서 우리를 마라에서 엘림으로, 쓴 경험에서 풍성한 축복의 자리로 인도해주실 것입니다.

광야의 경험을 통해 우리는 더욱 하나님을 의지하는 법을 배우고, 천국의 사고방식으로 이 땅에서 살아가는 지혜를 얻게 될 것입니다. 하나님의 평강이 당신의 마음과 생각을 지키시기를 간절히 바랍니다.

◐ 묵상 및 나눔 질문 ◑

1. 이스라엘 백성이 마라의 쓴물 때문에 좌절했던 것처럼, 당신의 삶에서 기대가 실망으로 변했던 경험이 있나요? 그때 어떤 마음이었나요?

2. 이스라엘 백성이 쓴물을 만났을 때 하나님께 원망하지 않고 모세처럼 하나님께 부르짖었다면, 그 문제의 결과는 어떻게 달라졌을까요? 우리 삶에서도 어려움이 닥칠 때 하나님께 부르짖는 것이 왜 중요한지 나눠봅시다.

3. 하나님께서 모세에게 마라의 쓴물에 나무를 던지라고 하신 의미는 무엇일까요? 우리가 하나님의 지시에 순종할 때 얻을 수 있는 유익은 무엇인지 이 사건을 통해 생각해봅시다.

4. 하나님은 마라에서 이스라엘 백성을 시험하시고, 그들이 하나님의 말씀에 순종하면 질병에서 보호하겠다고 약속하셨습니다. 이 약속이 오늘날 우리에게 어떻게 적용될 수 있을까요?

5. 마라의 쓴물은 우리 삶의 고난과 문제를 상징합니다. 당신의 삶에서 '쓴물'과 같은 어려움이 있었을 때 하나님께서 어떻게 그 문제를 해결해주셨는지 나눠보세요.

6. 마라에서 엘림으로의 여정은 고난 후에 오는 하나님의 축복을 상징합니다. 당신은 어떤 고난을 겪은 후에 하나님의 축복을 경험한 적이 있나요? 그 경험을 통해 얻은 교훈은 무엇인가요?

7. 이 장의 말씀 중 받은 도전이나 은혜는 무엇인가요?

4 일용할 양식의 교훈

하루를 사는 믿음의 법칙

출애굽기 16장 1 - 5절

하늘의 양식, 진정한 믿음의 시험

우리는 지금 '광야훈련학교'에 대해 함께 배우고 있습니다. 광야에서 천국의 사고방식을 배우는 여정을 걷고 있는 것입니다. 성경에서 광야는 단순히 힘든 장소가 아니라, 하나님의 특별한 가르침이 있는 학교와 같은 곳입니다.

아이들이 학교에 다니며 세상을 살아가는 법을 배우듯, 우리도 광야라는 학교에서 천국의 사고방식을 배워야 합니다. 우리는 이 책의 3-7장에서 '천국의 사고방식'에 관한 5가지 원리를 배웁니다. 광야에서 마음이 낮아질 때, 비로소 하나님의 생각과 마음을 이해할 수 있게 됩니다.

앞의 3장에서는 첫 번째 원리로, '마라의 쓴물과 단물'을 살펴보았습니다. 이스라엘 백성이 목마르고 힘들 때 마침내 물을 발견했지만, 그 물은 단물이 아니라 마실 수 없는 쓴물이었습니다. 그러자 그들은 즉시 원망과 불평을 쏟아냈습니다.

하나님의 은혜는 마음과 돌에 새겨야 하는데, 안타깝게도 우리는 종종 그것을 물에 새겨 흘려버립니다. 좋은 경험과 은혜는 잠시 반짝이는 감정으로 끝나는 경우가 많습니다.

그러나 백성이 원망했을 때도 하나님은 쓴물을 단물로 바꿔주셨습니다.

이것이 바로 십자가의 복음입니다. 광야에서 우리의 기대가 무너져도 하나님을 신뢰하면 하나님은 그분의 때에 그 문제를 반드시 해결해주십니다.

이 장에서는 두 번째 원리인 '하늘의 양식'에 대해 살펴보겠습니다. 광야에서 하나님을 사랑한다는 것은 결국 하나님을 신뢰하는 것인데 어떻게 신뢰할 수 있을까요?

당장 먹을 것과 마실 것이 보이지 않더라도, 내 양식의 진정한 원천이 하나님이신 것을 믿고, 하나님께서 공급해주신 힘과 능력으로 살아가는 사람이 되어야 합니다.

우리가 진정으로 사는 길

이 장을 시작하며, 예전에 만났던 한 사람의 이야기를 나누고 싶습니다. 제가 처음 봤을 때 그는 교회 앞에서 불안장애 증상을 보이며 서 있었습니다. 몸은 떨리고 시선은 계속 흔들리며 사람을 제대로 쳐다보지 못하는 상태였습니다.

그는 자신이 심리적으로 큰 충격을 받았고, 공황장애와 불안장애에 시달리고 있으며, 약을 먹어도 해결되지 않는다고 했습니다. 해결책을 찾기 위해 절과 성당 등 여러 곳을 방문했지만 아무 도움이 되지 않았고, 교리 교육을 10번이나 들었지만 나아지지 않아 마지막 희망을 안고 이 교회에 왔다고 말했습니다.

저는 그를 바로 카페로 청해 디저트와 커피를 대접했습니다. 그는 매우 불안한 표정으로 "이것을 제가 먹어도 됩니까?"라고 물었고, 저는 "드셔도 됩니다. 이것은 하나님께서 주신 선물입니다. 제 삶은 하나님이 공급해주시는 삶이니, 형제님을 위해 쓰는 것은 공짜입니다. 맛있게 드세요"라고 말했습니다.

그는 식당을 운영하는 사업가였고, 사업은 매우 잘되었다고 합니다. 그가 식당을 하는 이유는 단순히 돈을 벌기 위해서가 아니라 자신이 정성껏 요리한 음식을 사람들이 맛있게 먹을 때 느끼는 행복감 때문이었습니다. 그는 너무 즐거워서 낮은 이윤으로 많이 파는 방식으로 장사했고, 사업이 잘되어 돈도 많이 벌었습니다.

그러나 너무 좋아서 2년 동안 하루도 쉬지 않고 일하다가 결국 몸이 무너졌고, 그러니 정신도 무너져서 이제는 칼을 잡을 수도 없게 되었다고 합니다. 정신이 무너진 사람의 고통은 우리가 이해하기 어렵지만, 그는 자신이 좋아하던 일에도 공포감이 생기고 아무것도 할 수 없는 두려움에 떨게 되었습니다.

제가 그에게 "제가 형제님을 살릴 수 있는 길이 보입니다"라고 말하자 그가 관심을 보였습니다.

"살아계신 하나님을 믿으십시오. 진정한 믿음이란 6일 동안 열심히 일하고 하루는 정말 주님을 예배하는 것입니다. 예배의 의미는 '나의 모든 힘과 능력과 공급은 하늘로부터 온다'라는 것을 인정하고 선포하는 것입니다. 이 은혜를 깨닫는 사람이 진정으로 은혜로 살 수 있습니다. 그런데 그런 하늘의 공급 없이 자신의 힘으로만 살다 보니 결국 무너지고 더 이상 나아갈 힘이 없게 된 것입니다."

마음이 아프고 힘든 사람이 교회 문턱까지 오는 데 얼마나 큰 용기가 필요했을까요? 우리는 예수님을 알기에 기쁜 마음으로 교회에 오지만, 그에게는 교회에 오는 것 자체가 큰 결단이었을 것입니다.

그런 순간에 우리가 소개해줄 분은 바로 하늘의 양식이신 예수 그리스도입니다. 그분만이 우리의 유일한 힘이며, 그분으로부터 힘과 공급을 받을 때 우리가 진정으로 살 수 있습니다.

다시 시작된 원망과 불평

이 진리를 모르는 사람의 가장 큰 특징은 원망과 불평입니다.

> 이스라엘 자손의 온 회중이 엘림에서 떠나 엘림과 시내산 사이에 있는 신 광야에 이르니 애굽에서 나온 후 둘째 달 십오일이라 이스라엘 자손 온 회중이 그 광야에서 모세와 아론을 원망하여 출 16:1,2

이스라엘 백성이 왜 원망했을까요? 그들이 엘림에서 떠나 신 광야에 도착한 날짜가 둘째 달 15일이었습니다. 민수기 33장 3절에 따르면 그들이 라암셋을 떠나 출애굽한 날은 "첫째 달 열다섯째 날"입니다. 즉, 출애굽한 지 정확히 한 달이 지난 시점입니다. 아무리 많은 음식을 가져왔어도 이제는 양식이 떨어질 때가 된 것입니다.

저도 유학 시절에 그런 경험을 했습니다. 모든 돈을 가지고 유학을 떠나서 초기에는 나름대로 풍족하게 살았지만, 돈을 제대로 쓰지 못했습니다. 계획적인 사람이라 6개월 안에 돈이 다 떨어질 것을 알았기에, 통장에 잔고가 있어도 아내와 저는 물건을 제대로 사지 못했습니다. 항상 더 싼 것을 찾았고, 앞날에 대한 두려움으로 마음이 힘들었습니다.

6개월이 지나자 돈이 정말로 다 떨어졌고, 그때 저도 "하나님, 순종해서 이곳에 왔는데 먹을 것도 없습니까?"라는 원망과 불평이 나왔습니다. 하지만 이런 상황을 통해 하나님은 제게 중요한 진리를 가르쳐주셨습니다.

양식이 떨어짐을 통해 주시는 말씀

하나님께서 우리를 양식이 떨어진 곳으로 인도하시는 데는 분명한 이유가 있습니다. 하나님을 신뢰하는 사람은 원망하고 불평하기 전에 '왜 이때 우리의 양식이 떨어졌을까? 앞으로 어떻게 살아야 할까?' 생각하고 이것을 하나님께 기도하며 기대하는 신앙을 가져야 합니다. 이것이 정말 아름다운 신앙입니다.

최근에 간 어떤 청소년 수련회에서는 빵이 너무 많이 있어서 놀랐습니다. 청소년들이 가장 좋아한 것 중 하나가 바로 먹을 것이 풍성하다는 점이었습니다. 프랜차이즈 햄버거부터 과자, 빵까지 모든 것이 넘치는 수련회였습니다. 이런 풍성함을 경험하는 것이 바로 천국의 모습 중 하나입니다.

그러나 이런 풍성함을 경험하기 전에 하나님께서 우리에게 가르치고 싶어 하시는 중요한 진리가 있고, 그것을 가르치기 위해 주님은 먼저 우리를 광야로 인도하십니다.

"너희 인생은 많은 것을 끌어모으고 쌓아놓는다고 사는 것이 아니라, 하늘로부터 공급받는 힘과 능력으로 사는 것이다."

제가 만났던 그 사업가처럼 열심히 일하고 돈을 벌었지만, 그 돈의 진정한 의미가 없어지면 얼마나 공허한 일입니까?

하나님은 광야에서 만나를 내려주시며 딱 먹을 만큼만 가져가라고 하셨습니다. 우리가 사는 세상은 경쟁적이어서 더 많이 가지려고 부정한 방법을 쓰는 사람들이 있습니다. 하지만 그렇게 불법적으로 번 돈은 한순간에 사라질 수 있습니다.

만약 계속해서 돈만 쌓아간다면, 그것은 하나님을 멀리하는 길일 수도 있습니다. 진정으로 하나님을 사랑한다면, 돈이 우상이 된 사람에게는 돈으로 인한 어려움이 올 수 있습니다. 하나님은 그 사업가처럼 그런 사람 또한 사랑하셔서 "네 힘의 원천은 나다. 너는 나를 만나야 한다. 나는 네가 여기서 무너지기를 원하지 않는다. 나는 네가 가진 달란트로 나를 경외하고 풍성함을 누린 후, 그 풍성함으로 이웃들을 살리는 사람이 되기를 원한다"라고 말씀하십니다.

나만 잘 먹고 잘사는 것이 인생의 목표가 되어서는 안 됩니다. 하나님이 우리를 광야로 보내시는 것은 우리를 괴롭히려는 게 아니라 '하늘 양식으로 산다'라는 신앙을 배우게 하시려는 것입니다. 그리고 그 너머에는 풍성함을 누리고, 나누고, 베풀고, 잃어버린 영혼들을 살리라는 거룩한 사명이 있습니다.

신뢰를 깨뜨리고 사실을 왜곡하는 원망

사람이 원망하고 불평하면 가장 먼저 하나님과의 신뢰 관계가 깨어집니다. 신뢰가 깨진 사람은 하나님이 과거에 베푸신 은혜마저 왜곡하여 보게 된다는 특징이 있습니다.

> 이스라엘 자손이 그들에게 이르되 우리가 애굽 땅에서 고기 가마 곁에 앉아 있던 때와 떡을 배불리 먹던 때에 여호와의 손에 죽었더라면 좋았을 것을 너희가 이 광야로 우리를 인도해 내어 이 온 회중이 주려 죽게 하는도다 출 16:3

백성들이 "우리가 애굽 땅에서 고기 가마 곁에 앉아 있던 때와 떡을 배불리 먹던 때에 여호와의 손에 죽었더라면 좋았을 것을"이라고 한 말의 의미를 살펴봅시다.

그들은 애굽에서는 먹을 것이 많았다고 주장했습니다. 그러나 이것은 사실과 다른 왜곡입니다. 애굽에서 그들은 노예였고, 벽돌을 만드는 고된 일로 신음했습니다. 고기 가마 곁에서 배불리 먹었다는 것은 완전한 거짓말입니다. 출애굽기 1장과 2장을 보면 그들이 얼마나 고통스러운 삶을 살았는지 알 수 있습니다.

애굽에서 출발한 지 한 달이 지났을 뿐인데, 그들은 과거를 마치 천국처럼 미화했습니다. 원망하는 사람의 특징은 과거를 미화하고 하나님과의 현재 관계를 왜곡하는 것입니다. 이것은 매우 위험한 상태입니다.

만나를 통해 배우는 네 가지 교훈

이러한 원망에 하나님은 놀랍게 응답하셨습니다. 원망과 불평에 대해 분노하는 대신 양식을 공급해주신 것입니다.

> 그때에 여호와께서 모세에게 이르시되 보라 내가 너희를 위하여 하늘에서 양식을 비같이 내리리니 … 출 16:4

하지만 하나님의 공급에는 중요한 의미가 담겨 있습니다. 단순히 양식만 주신 것이 아니라, 이를 통해 그들의 믿음을 시험하셨습니다.

> … 백성이 나가서 일용할 것을 날마다 거둘 것이라 이같이 하여 그들이 내 율법을 준행하나 아니하나 내가 시험하리라 출 16:4

하나님은 백성들이 매일 그날 필요한 만큼만 만나를 거두게 하셨습니다. 하루치 이상 모아 남겨두면 그것은 다음 날 아침에 벌레가 생기고 냄새가 났습니다. 안식일 전날에만 이틀 치를 거두도록 하셨지요. 이것을 통해 네 가지 중요한 교훈을 배울 수 있습니다.

하나님은 우리의 공급자

첫째, 만나는 하나님이 우리의 공급자이심을 가르쳐줍니다. 우리에게 매일 필요한 것을 공급하시는 분은 다른 누구도 아닌 하나님이십니다. 우리의 재능, 지식, 경험도 중요하지만, 그것들을 가능하게 하시는 분은 하나님이십니다.

예수님이 일용할 양식을 달라고 기도하도록 가르치신 것도 이런 이유에서입니다. 매일 우리에게 필요한 것을 구하는 기도는 하나님이 우리의 공급자이심을 인정하는 행위입니다.

욕심은 부패를 가져온다

둘째, 만나는 욕심의 위험성을 경고합니다. 하루치 이상 모아 다음 날 아침까지 남겨둔 만나에 벌레가 생기고 냄새가 났던 것처럼, 욕심을 부리면 결국 부패가 찾아옵니다.

세상에는 정당한 방법으로 얻은 것보다 더 많이 소유하려는 사람들이 있습니다. 그들은 거짓말을 하거나 속임수를 쓰거나 다른 사람을 이용하여 더 많은 것을 얻으려 합니다. 그러나 그렇게 얻은 것은 결국 축복이 아니라 저주가 됩니다.

욕심은 하나님을 의지하지 않는 불신앙의 표현이며 부패의 원인입니다. 돈 자체가 아니라 돈에 대한 태도가 문제입니다. 돈을 얻는 방식과 사용하는 목적이 중요한 것입니다.

안식의 중요성

셋째, 만나는 안식의 중요성을 가르쳐줍니다. 하나님께서 안식일 전날에는 이틀 치 만나를 거두게 하셨는데 이는 안식일에는 일하지 말고 쉬라는 명령이었습니다.

안식일은 단순히 몸을 쉬게 하는 날이 아니라, 우리의 모든 힘과 능력이 하나님으로부터 온다는 것을 인정하는 날입니다. 생명과 건강, 물질적 축복이 모두 하나님으로부터 왔음을 기억하는 날이지요.

앞서 이야기한 그 사업가는 바로 이 안식을 무시했기 때문에 무너진 것입니다. 2년 동안 하루도 쉬지 않고 일했다는 것은 하나님이 주신 신체적, 정신적 한계를 무시한 것입니다. 우리 몸에도 안식이 필요하고, 우리 영혼에도 안식이 필요합니다.

나눔의 기쁨

넷째로, 만나는 나눔의 기쁨을 가르쳐줍니다.

이스라엘 자손이 그같이 하였더니 그 거둔 것이 많기도 하고 적기도 하나 오멜로 되어 본즉 많이 거둔 자도 남음이 없고 적게 거둔 자도 부족함이 없이 각 사

람은 먹을 만큼만 거두었더라 출 16:17,18

이것은 정말 놀라운 사실입니다. 많이 거둔 사람도 남지 않고, 적게 거둔 사람도 부족하지 않았다는 것은 서로 나누었다는 의미입니다. 능력 있는 사람이 더 많이 거두어 능력이 부족한 사람과 나누었을 때 모두가 충분히 가질 수 있었던 것입니다.

하나님의 경제 원리는 경쟁이 아니라 나눔입니다. 세상은 "더 많이 가진 사람이 이긴다"라고 가르치지만, 하나님의 나라는 "더 많이 나누는 사람이 복을 받는다"라고 가르칩니다.

하늘 양식의 원리

우리는 모두 '하늘 양식의 훈련'을 받게 됩니다. 이 훈련을 통해 하나님은 반드시 우리의 필요를 풍성하게 채워주시는 분이라는 것을 알게 됩니다. 신약성경에서 하늘 양식의 원리를 살펴보겠습니다.

그러므로 내가 너희에게 이르노니 목숨을 위하여 무엇을 먹을까 무엇을 마실까 몸을 위하여 무엇을 입을까 염려하지 말라 목숨이 음식보다 중하지 아니하며 몸이 의복보다 중하지 아니하냐 공중의 새를 보라 심지도 않고 거두지도 않고 창고에 모아들이지도 아니하되 너희 하늘 아버지께서 기르시나니 너희는 이것들보다 귀하지 아니하냐 마 6:25,26

그런즉 너희는 먼저 그의 나라와 그의 의를 구하라 그리하면 이 모든 것을 너희에게 더하시리라 그러므로 내일 일을 위하여 염려하지 말라 내일 일은 내일이 염려할 것이요 한 날의 괴로움은 그날로 족하니라 마 6:33,34

왜 경쟁적으로 살까요? 내일이 걱정되기 때문입니다. 미래에 대한 불안 때문에 불안장애까지 생길 정도로 열심히 살지만, 성경은 내일 일을 위하여 염려하지 말라고 말씀합니다. 이 말은 밤 12시까지 걱정하지 말고, 자정이 넘어 내일이 되면 걱정을 시작하라는 뜻이 아닙니다. 하나님께서 내일도 어떤 은혜를 베풀어주실지 기대하는 것이 올바른 신앙이라는 의미입니다.

광야훈련학교의 2교시 과목은 재정과 건강 등의 문제를 통해 하나님의 공급하심을 배우고, 오늘의 은혜로 내일을 걱정하지 않으며 살아가는 훈련입니다.

저도 16년 동안 재정 때문에 많은 고통을 겪었습니다. 파산의 아픔도 겪었고 먹을 것이 없어서 곰팡이가 핀 빵을 먹은 적도 있었습니다. 그때마다 제 마음은 너무 괴로웠습니다. 하나님께서 분명히 저를 부르고 사명을 맡기셨는데, 왜 이렇게 어렵게 살아야 하는지 이해가 되지 않았습니다.

그러나 그 광야 같은 시기에도 하나님은 결코 저를 굶기지 않으셨습니다. 광야의 백성에게 만나와 메추라기를 주셨던 것처럼, 제 삶에도 매일의 양식을 공급해 주셨습니다.

빵을 통해 배운 감사와 신뢰

제가 캐나다에서 유학생이자 단기 선교 동원가로 사역할 때의 일입니다. 저는 빵을 참 좋아하는데 어느 날, 빵 사 먹을 돈 2달러가 없었습니다. 2달러가 없어서 빵도 못 먹게 되자 화가 나고 "하나님께서 저를 사명자로 불러

주셨는데 2달러가 없어서 빵도 못 먹게 하십니까?"라는 불평이 나왔습니다.

그런데 그날 신문에서 하루 천 원이 없어서 굶어 죽기 직전인 사람이 9억 명이나 된다는 기사를 보았습니다. 그 사실을 알게 되니 마음이 너무나 힘들어졌습니다. 빵이 없어서 불평하는 제 입술이 부끄러워 하나님께 회개했습니다.

집에 곰팡이가 살짝 핀 빵 한 조각이 있었는데 그 빵을 보며 오히려 감사하다는 생각이 들었습니다. '아프리카에서 선교하시는 분들은 옥수숫가루만 먹고 사시는데, 내가 이렇게 먹는 것 가지고 불평하면 되겠나. 하나님은 필요에 따라 때에 따라 모든 것을 채워주시는 분인데….'

곰팡이가 핀 부분을 떼어내고 구웠습니다. 괜찮을 것 같아 그 빵을 가지고 기도했습니다.

"하나님, 저를 자녀 삼아주셔서 감사합니다. 하나님의 자녀라는 것이 참 감사합니다. 저와 동행해주셔서 감사합니다. 모든 것을 공급해주시는 하나님께 예수님의 이름으로 기도드립니다. 아멘."

어릴 때 찬양으로 불렀던 하박국서 3장 17-19절의 말씀이 생각났습니다. "무화과 나뭇잎이 마르고 포도 열매가 없으며, 감람나무 열매가 그치고 논밭에 식물이 없어도…" 그 고백에 담긴 하박국 선지자의 마음이 이해되었습니다. 징계가 계속되는 상황에서도 하나님께서 언젠가는 구원해주실 것이라는 믿음, 그리고 아무런 회복의 징조가 보이지 않는 지금도 주님 한 분만으로 기뻐하겠다는 하박국의 심정이 깨달아져 참 많이 울었습니다.

먹을 것이 부족하고 아무것도 없는 듯 보여도 내가 기뻐할 수 있는 것은 주님이 함께하고 계시기 때문입니다. 저는 그 주님을 신뢰합니다. 우리와 함께하시는 주님을 신뢰하고 사랑합니다. 때로는 힘들고 불편할 수도 있습니다. 그래도 저는 하나님을 신뢰하는 법을 깨닫게 되었습니다.

하늘 양식의 훈련 이후

그다음 날, 한 선교사님이 저희 집을 방문하셨습니다. 양손에 빵을 가득 들고 와서 "지 선교사, 이것 좀 받아. 밤새 나를 파송해줄 수 있는 파송 교회를 위해 기도하는데 하나님이 지 선교사를 위해 빵을 갖다주라고 하셨어"라고 하셨습니다. 한 손에는 제가 먹고 싶어 했던 캐나다 식빵, 다른 한 손에는 한국식 빵이 있었습니다.

그 빵을 받고 참 많이 울었습니다. 빵이 좋아서가 아니라 빵을 주시는 하나님의 마음이 깨달아져서 울었습니다. 하나님이 어둠의 세력에게 "내 자녀는 나를 신뢰해"라고 자랑하시는 것 같았습니다. 주님이 얼마나 감사한지 모릅니다. 빵을 놓고서 하나님께 고백했습니다.

"하나님은 나의 하나님입니다. 나의 주님입니다. 나의 모든 필요를 알고 공급해주시는 하나님입니다."

그런 고통스러운 훈련의 시간이 지나자 제 삶에는 놀라운 변화가 일어나기 시작했습니다. 오랜 세월 동안 통장에 큰 금액을 가져본 적이 없었는데, 어느 순간 하나님은 생각지도 못한 물질적인 축복을 부어주셨습니다. 그리고 그 축복을 통해 다른 사람들을 섬기고 나누는 삶을 살게 하셨습니다.

서울에서 개척 사역을 시작한 지금도 쉽지 않은 상황이 계속되지만, 제 마음은 여전히 기쁨으로 가득합니다. 그 기쁨의 이유는 하나님이 물질적 축복을 주셔서가 아닙니다. 그 축복을 허락하신 하나님이 나와 함께하시기 때문입니다.

풍성함의 목적

제 아들의 이야기를 나누고 싶습니다. 이 아이는 시험이 끝날 때마다 외삼촌들이 프랜차이즈 빵 쿠폰을 보내줘서 빵 쿠폰을 많이 가지고 있었는데, 그 쿠폰으로 전도를 했습니다.

우리 아들과 딸 외에는 아무도 없는 작은 교회에서, 동네 아이들을 전도하기 위해 토요일마다 1시간 거리를 버스로 타고 가서 빵을 나눠주며 복음을 전했습니다.

또 학교에서 점심을 잘 못 먹는 친구에게도 빵을 나눠줬습니다. 그 친구는 10억짜리 아파트에 살면서도 항상 돈이 없다고 했는데, 아들은 동역자 권사님이 제공해주신 선교사 안식관에 살면서도 기쁘게 빵을 나눴습니다.

또 얼마 전에는 모아둔 빵 쿠폰 10만 원어치로 한 목사님 가정을 섬기기도 했습니다. 자녀가 넷인 그 가정을 위해 푸짐한 빵을 준비해 함께 나누는 잔치를 했습니다. 그런 아들의 모습을 보며 마음이 기뻤습니다. '네가 정말 빵을 잘 쓸 줄 아는구나'라고 생각했습니다.

우리는 그 의미를 압니다. 하나님이 축복해주셨는데, 어찌 그것을 쌓아두고 썩게 할 수 있겠습니까? 나눠야 합니다. 하나님은 우리의 욕심이 아닌 필요를 채워주시는 분입니다. 그리고 필요 이상으로 주시는 이유는 나누라고 하시는 것입니다.

광야 같은 삶을 살며 하루하루 힘들 수 있지만, 그 힘듦으로 끝나는 것이 아니라는 점을 꼭 말씀드리고 싶습니다. 하나님은 우리의 마음이 준비되었을 때 풍성함을 주십니다. 그 풍성함은 주변의 잃어버린 영혼들에게 나누라고 주시는 것입니다. 나뿐만 아니라 주변 사람들까지 살리라고 하시는 것입니다.

하늘 양식, 예수 그리스도

만나가 이스라엘 백성의 육체적 배고픔을 채웠다면, 예수님은 우리의 영적 배고픔을 채우십니다. 예수님은 요한복음 6장에서 그분 자신을 가리켜 "생명의 떡"(35,48절), "하늘에서 내려온 살아 있는 떡"(51절), "참된 양식"(55절)이라고 하셨습니다.

> 예수께서 이르시되 나는 생명의 떡이니 내게 오는 자는 결코 주리지 아니할 터이요 나를 믿는 자는 영원히 목마르지 아니하리라 요 6:35

우리에게 진정으로 필요한 것은 단순한 물질적 양식이 아니라 영혼을 만족시키는 영적 양식입니다. 예수님을 영접할 때, 우리는 진정한 만족을 얻습니다. 그분은 우리의 진정한 갈망을 채우시는 유일한 분입니다. 세상의 것들이 잠시 우리를 만족시킬 수 있을지 모르지만, 예수님만이 우리에게 영원한 만족을 주실 수 있습니다.

우리는 재정 문제와 건강 문제로 힘든 불확실한 세상 속에서 살아갑니다. 이럴 때일수록 우리의 '생명의 떡'이시며 우리의 모든 양식이 되시고 우리의 주인 되신 예수님을 바라보아야 합니다. 예수님을 통해 하나님의 풍성한 은혜와 공급을 경험할 수 있습니다.

저희 가족은 캄보디아의 가난한 아이들을 돕는 '냠바이' 사역에 동참하고 있습니다. 한 달에 2만 원이면 한 명을 돕고, 10만 원이면 5명을 도울 수 있는데 우리 가족 모두가 한 명씩 돕고 있습니다. 아이들도 용돈을 모아 매달 정기적으로 후원합니다.

매달 회계 보고를 할 때마다 우리 집은 천국 잔치가 열린 것 같습니다.

우리가 베풀고 나눌 기회에 감사하기 때문입니다. 세상의 기준으로 보면 재산이 많지 않지만, 우리는 다 가진 사람들입니다. 생명의 떡이신 예수님으로 충만한 가정이기 때문입니다. 하늘의 양식이 있어서 두려움 없이 살아갈 수 있습니다.

하나님께 받은 것을 나눌 때 놀라운 일이 일어납니다. 자원이 마르지 않습니다. 딸아이가 한번은 자기 저금통의 돈 10만 원 중 5만 원을 북한 선교에 내겠다고 했습니다. 제가 재정 관리의 원칙을 가르치려 했더니 딸이 "아빠가 믿음이 없어도 되겠어요? 제 돈을 통해 북한의 어려운 사람들이 먹을 수 있다면 너무 행복해요"라고 말했습니다. 그런데 그 후 누군가가 딸에게 용돈을 주어 두 배로 받게 되었습니다.

이것은 '내가 이만큼 내면 두 배로 받을 수 있다'라는 어떤 기계적인 공식이 아닙니다. 주님을 사랑하고 은혜에 감사하기 때문에 나누는 것을 이야기하는 것입니다.

우리는 지옥에 갈 수밖에 없었던 죄인들이 하나님의 은혜로 천국 백성이 된 것에 감사합니다. 매일매일 우리의 삶을 책임져 주시는 하나님이 함께하시는데, 왜 내일 일을 염려하고 있습니까?

광야에서도 주님과의 관계 안에서 풍성함을 누린다

광야에서는 이렇게 천국의 사고방식을 배웁니다. 하나님을 신뢰하는 법, 하나님을 사랑하는 법을 배우는 것입니다. 양식뿐만 아니라 건강에 문제가 있을 때도 마찬가지입니다. 재정이 없을 때도, 아플 때도 주님을 신뢰해야 합니다. 그러면 주님께서 그 인생을 책임져 주시고, 가장 선한 길로 인도해 주십니다.

건강에 대한 염려를 떨쳐버릴 수 있는 이유도 여기 있습니다. 몸이 쉽게 낫지 않는 것 같아도, 하나님이 약속하시면 끝까지 함께하시고 하나님의 약속을 지키기 위해 우리를 회복시켜주십니다. 건강이 회복되지 않을지라도 어려운 투병 생활 가운데 고난을 이길 힘을 주십니다. 그리고 영원한 하나님의 나라를 소망하게 만듭니다.

이 광야의 목적을 명확히 밝힌 신명기 8장의 말씀을 다시 생각해봅시다.

> 너를 낮추시며 너를 주리게 하시며 또 너도 알지 못하며 네 조상들도 알지 못하던 만나를 네게 먹이신 것은 사람이 떡으로만 사는 것이 아니요 여호와의 입에서 나오는 모든 말씀으로 사는 줄을 네가 알게 하려 하심이니라 … 네 조상들도 알지 못하던 만나를 광야에서 네게 먹이셨나니 이는 다 너를 낮추시며 너를 시험하사 마침내 네게 복을 주려 하심이었느니라 신 8:3,16

광야는 하나님의 공급에 전적으로 의존하는 훈련을 통해 우리 마음을 낮추고, 하나님의 말씀으로 사는 법을 배우는 곳입니다. 오늘 주어진 광야 같은 상황 속에서 하나님이 공급해주신 생명의 떡이신 예수 그리스도의 말씀에 귀 기울여야 합니다. 그 말씀을 붙들 때 우리에게는 만족감이 있고, 주어진 환경을 다스릴 힘이 생깁니다.

일상 속에서 하나님의 말씀을 따르고 그분의 공급을 신뢰하며 살아갈 때 우리는 영적인 만족과 평안을 누릴 수 있습니다. 그리고 하나님의 신실하심과 공급하심을 경험할 수 있습니다.

광야에서 이스라엘 백성이 배운 것처럼, 우리도 하나님이 유일한 공급자이심을 인정해야 합니다. 이스라엘 백성이 하루하루 일용할 양식을 통해 겸손과 순종을 연습했던 것처럼, 우리도 매일매일 하나님의 공급하심이 없이는 살 수 없다는 이 진리를 배워야 합니다. 우리가 가진 모든 것이 하나님의 선물입니다. 그것을 욕심 없이 받고 감사함으로 누리며 기쁘게 나눌 때, 진정한 풍요로움을 경험하게 됩니다.

예수님은 "내가 온 것은 양으로 생명을 얻게 하고 더 풍성히 얻게 하려는 것이라"(요 10:10)라고 말씀하셨습니다. 이 풍성한 생명은 물질적인 부요가 아니라, 하나님과의 관계 안에서 누리는 충만함입니다.

하늘의 양식으로 살아가는 삶을 선택할 때 광야에서도 만족을 누릴 수 있고 약속의 땅으로 나아가는 힘을 얻게 될 것입니다. 오늘도 하나님이 주시는 만나를 감사함으로 받아, 그분의 은혜 안에서 살아갑시다.

◐ 묵상 및 나눔 질문 ◑

1. 이스라엘 백성은 양식이 떨어졌을 때 불평과 원망을 쏟아냈습니다. 최근 어려운 상황에서 원망했던 경험이 있나요? 그때 어떻게 대처했나요?

2. 하나님은 만나를 "날마다" 그날에 필요한 만큼만 거두게 하셨습니다. 일용할 양식을 구하는 삶이 우리에게 주는 의미는 무엇인가요? 실제로 이런 믿음으로 살기 위해 어떤 노력이 필요할까요?

3. 원망하는 사람은 과거를 미화하고 하나님과의 현재 관계를 왜곡합니다. 광야와 같은 어려움 속에서 하나님이 베푸신 과거의 은혜를 잊지 않으려면 어떤 영적 훈련이 필요할까요? 구체적인 예를 나누어보세요.

4. 본문에서 불안장애를 겪던 사업가의 이야기는 안식의 중요성을 알려줍니다. 창세기의 창조 질서와 십계명에 나타난 안식일 규정을 생각해볼 때, 현대 그리스도인들이 안식을 실천해야 하는 이유와 방법은 무엇일까요?

5. 출애굽기 16장 18절은 "많이 거둔 자도 남음이 없고 적게 거둔 자도 부족함이 없"었다고 말씀합니다. 사도 바울은 이를 고린도후서 8장 15절에서 인용하여 '균등'의 원리를 설명했습니다. 이러한 하나님의 경제 원리가 오늘날 교회 공동체와 그리스도인의 삶에 어떻게 적용되어야 할까요?

6. 예수님은 자신을 "생명의 떡"(요 6:35)이라고 선언하셨습니다. 구약의 만나와 신약의 예수 그리스도를 연관 지어볼 때, 그리스도인에게 '일용할 양식'의 의미는 어떻게 확장됩니까? 이것이 우리의 영적 생활에 어떤 실제적 영향을 미칠까요?

7. 저자가 곰팡이 핀 빵을 먹으며 하나님께 감사했던 개인적 경험처럼 당신의 삶에서 물질적 결핍을 통해 오히려 하나님의 공급하심과 신실하심을 더 깊이 경험했던 순간이 있나요? 그 경험이 지금 당신의 믿음에 어떤 영향을 미치고 있나요?

5 목마름 속의 은혜

절망의 바위에서 솟아나는 생명

출애굽기 17장 1 - 7절

채워지지 않는 영적 갈증

광야는 단순한 고난의 장소가 아니라 하나님이 우리에게 복 주시려고(신 8:16) 천국의 사고방식을 배우게 하시는 특별한 훈련장이고, 광야의 모든 시간은 우리가 마침내 복을 받기 위한 준비 과정입니다.

하지만 솔직히 고백해봅시다. 이 천국의 사고방식을 배우는 과정이 쉽습니까? 그 훈련 중에 불평이 나오고 원망이 터져 나오지 않습니까? 사실 이것은 정상적인 반응입니다. 오래된 습관을 하나님나라의 습관으로 바꾸는 것은 정말 고통스러운 과정이니까요. 세상에서도 "잘못된 습관을 좋은 습관으로 바꾸려면 생살을 뜯는 고통이 필요하다"라고 말합니다.

우리는 태어날 때부터 죄인이었고, 무엇이 죄인지도 모른 채 살아왔습니다. 그래서 끊임없이 질문합니다.

"왜 이렇게 목이 마르지? 왜 이렇게 답답하지? 돈 문제도 해결됐고, 관계 문제도 해결됐는데, 왜 내 마음에는 여전히 갈증이 있을까?"

세상 사람들을 잠시 관찰해보십시오. 부자들은 왜 자동차를 수십 대나 소유할까요? 우리 생각에는 한 대면 충분할 텐데 말입니다. 명품 가방에 열광하는 사람들은 왜 하나로 만족하지 못하고 계속해서 새것을 구입할까요? 연예인들의 집 한쪽이 명품 가방으로 가득 차 있어도, 그들의 마음속 갈증은 여전합니다. 결국 자동차가 많든, 명품 가방이 많든, 옷이 많든, 장난감이 많든, 마음의 갈증은 사라지지 않습니다.

그렇다면 이 영적 갈증을 어떻게 해결할 수 있을까요? 출애굽기 17장 1-7절 말씀을 통해 그 해답을 찾아보려 합니다. 반석에서 나오는 생명수를 통해 우리의 영적 갈증을 해결하는 방법을 함께 나누고자 합니다.

다투고 영적 갈증을 느끼는 이유

출애굽기 17장 1-3절에 주목해야 할 두 단어가 있습니다. 바로 '다투다'와 '시험하다'입니다. '다투다'의 히브리어 원어인 '리브'는 단순한 불만이 아니라 하나님의 신실하심에 대한 반발과 논쟁을 의미합니다. 영적 갈증 가운데 다투는 이유는 무엇일까요? 하나님을 신뢰하지 않고, 의존하지 않으며, 원망하기 때문입니다. '시험하다'라는 단어도 중요한데, 히브리어로는 '나사'라고 합니다. 이 단어의 원 의미를 살펴보면, 하나님을 시험하고 신뢰하지 않는 행동을 가리킵니다.

7절의 배경을 보면, 이스라엘 백성들과 모세가 다투었던 이 장소의 이름이 '마사 므리바'입니다. 이는 히브리어 단어에서 그대로 왔습니다. '나사'의 명사형이 '마사'이고, '리브'에서 나온 것이 '므리바'입니다. 즉, '시험과 다툼의 장소'가 바로 이스라엘 백성들이 머물렀던 지명이 되었습니다.

그렇다면 왜 이스라엘 백성들은 하나님께서 세우신 지도자인 모세와 다투고 하나님을 시험할 수밖에 없었을까요? 여기에는 3가지 원인이 있는데, 하나씩 살펴보겠습니다.

외부 환경에 대한 집착

이스라엘 백성의 다툼은 단순한 다툼이 아니었습니다. 그들은 외부 환경에 집착했기 때문에 모세와 다툴 수밖에 없었습니다. 우리도 종종 물리적인 피로를 느끼거나 상황이 충족되지 않을 때 하나님과의 관계에서 공허함을 느낍니다. 당장 필요한 물질적 필요나 현실적인 문제에 집중하면 하나님과의 깊은 관계에서 멀어지게 됩니다.

"주님, 이 달 말에 천만 원이 필요합니다" 그 목적대로 간절히 기도해도 해결이 안 보일 때, 당장 필요한 문제가 해결되지 않았기 때문에 하나님을 신뢰하기 어려워집니다.

잠시 생각해보십시오. 과거에 하나님께서 어떤 기적을 베풀어주셨나요? 그분은 홍해를 가르신 분입니다. 죽기 직전, 공황장애가 올 만한 상황 속에서도 우리를 건져내신 분입니다. 마라의 쓴물 사건을 통해 보듯, 우리 인생이 쓰디쓰고 모든 기대가 무너졌을 때도 우리의 생각과는 다른 방식으로 구원하신 분입니다. 또한 먹을 것과 마실 것이 없을 때 하늘의 양식을 내려 우리의 필요를 채워주신 분입니다.

그런데 또다시 문제 앞에 섰을 때, 그 문제를 즉시 해결해주지 않으시면 우리는 하나님이 그동안 얼마나 사랑하고 아껴주셨는지 다 잊어버리고 그 마음에서 하나님의 은혜가 사라져버립니다. 하나님과의 친밀한 관계를 추구하는 게 아니라 하나님을 도깨비방망이나 알라딘의 램프처럼 여기는 사람은 오직 현재의 문제에만 집착하고, 하나님이 지금 당장 내 문제를 당장 해결해주지 않으면 하나님이 밉고 원망스러워집니다.

이렇듯 외부 환경에 집중할 때 우리 마음에는 공허함과 영적 갈증이 생깁니다. '하나님이 나를 버리신 게 아닐까? 나를 떠나신 게 아닐까?'라는 불신이 찾아오며 하나님에 대한 신뢰가 사라지고 관계가 멀어집니다.

하나님의 약속을 잊음

이스라엘 백성이 다투게 된 두 번째 이유는 하나님의 약속 말씀을 잊어버렸기 때문입니다. 그로 인해 다툼이 생기고 마음 가운데 갈증과 공허함이 생겨났습니다.

하나님은 이스라엘 백성을 약속의 땅으로 인도하겠다고 분명하게 약속하셨고, 그들을 보호하고 공급해주실 것을 말씀하셨습니다. 출애굽기 6장에서는 모세를 통해 직접적인 약속을 주셨습니다.

> … 나는 여호와라 내가 애굽 사람의 무거운 짐 밑에서 너희를 빼내며 그들의 노역에서 너희를 건지며 편 팔과 여러 큰 심판들로써 너희를 속량하여 너희를 내 백성으로 삼고 나는 너희의 하나님이 되리니 나는 애굽 사람의 무거운 짐 밑에서 너희를 빼낸 너희의 하나님 여호와인 줄 너희가 알지라 출 6:6,7

이 6장의 시점에서, 이스라엘 백성에게 이 말씀이 이루어졌습니까? 이미 이루어졌습니다! 하나님은 그들을 애굽에서 **빼내셨습니다**. 그들의 고통과 신음 속에서 그 음성을 들으시고 건져내 주셨습니다. 이 말씀은 이미 이루어진 것입니다. 그럼 이어지는 8절 말씀은 이루어졌습니까?

> 내가 아브라함과 이삭과 야곱에게 주기로 맹세한 땅으로 너희를 인도하고 그 땅을 너희에게 주어 기업을 삼게 하리라 나는 여호와라 하셨다 하라 출 6:8

이 약속의 말씀은 당시의 현재 상황에서는 아직 이루어지지 않았습니다. 그렇다면 이 말씀은 이루어질까요? 앞의 말씀이 이루어졌다면 뒤의 말씀도 당연히 이루어질 것입니다! 우리 하나님은 약속을 취소하시는 분이 아니기 때문입니다. 끝까지 그 약속의 말씀을 지키시는 분입니다.

가장 중요한 것은 이 변하지 않는 진리의 말씀이 내게 있느냐는 것입니다. 그 말씀이 있다면 나의 태도는 어떠해야 할까요? 믿고 따라가는 것입니다. 지금 내 문제가 풀리지 않을지라도, 내 삶이 고통스러울지라도, 약속을 주셨으니 믿고 따라가는 것입니다. 그것이 믿음입니다. 그것이 광야에서 받는 훈련입니다.

하나님의 임재에 대한 의심

세 번째로, 이스라엘 백성이 공허함과 갈증을 느끼고 모세와 다툰 이유는 하나님의 임재에 대한 의심이 있었기 때문입니다.

> 그가 그곳 이름을 맛사 또는 므리바라 불렀으니 이는 이스라엘 자손이 다투었음이요 또는 그들이 여호와를 시험하여 이르기를 여호와께서 우리 중에 계신가 안 계신가 하였음이더라 출 17:7

그들은 "여호와께서 우리 중에 계신가 안 계신가"라며 하나님의 임재를 의심합니다. 하나님의 놀라운 기적을 경험하고도, 물이 없다는 문제를 직면하자 하나님이 함께하시는지 의심한 것입니다. 하나님의 임재를 물리적인 증거로만 확인하려 했고, 영적인 믿음으로 받아들이지 못했습니다.

당신은 어떤가요? 하나님의 임재를 체험적으로 느끼지 못할 때 의심하고 공허함을 느낍니까? 하나님이 내게 약속의 말씀을 주셨는데, 지금 내 문제가 해결되지 않으면 하나님의 임재가 느껴지지 않습니다.

어떤 이들은 감정적으로 느껴질 때만 "오늘 찬양 가운데 뜨거움을 느꼈어, 하나님의 임재를 느꼈어"라고 말합니다. 하지만 매번 그런 뜨거움을 느낄 수 있을까요? 아닙니다. 느껴지지 않을 때도 있습니다. 삶 가운데 하나님이 멀게 느껴질 때도 있습니다.

그러나 우리의 믿음은 무엇입니까? 하나님이 멀게 느껴질 때도 약속의 말씀을 믿고 사랑하는 것입니다. 그것이 신앙입니다. 때로는 내 감정적으로, 의지적으로 해도 안 될 때가 있지만, 하나님은 우리를 버리지 않고 끝까지 함께하시는 임마누엘의 하나님, 끝까지 책임져 주시는 하나님이심을 믿는 것이 신앙인의 올바른 태도입니다.

참된 신앙의 자세

이스라엘 백성은 현재의 문제가 해결되지 않으니까 '하나님이 우리를 버리셨는가?' 하고 의심했습니다. 그 많은 기적과 이적과 환상을 보고도 하나님의 임재를 확신하지 못했습니다.

안타깝게도 오늘날에도 많은 기독교인이 더 뜨겁고 더 자극적인 곳을 찾아갑니다. 눈에 보이는 기적이나 표적을 쫓아다니며 "네 문제를 해결해 줄 수 있다", "얼마를 바치면 바로 병이 치유된다"라는 말에 속기도 합니다. 이것은 본질에서 벗어난 것입니다.

하나님은 사람을 통해 역사하시기도 하지만, 가장 중요한 것은 당신의 믿음을 통해서, 예수 그리스도의 이름의 능력을 통해서 역사하시는 것입니다. 진리의 말씀을 믿는 것이 중요합니다. 내 상황과 환경이 해결되지 않았더라도 하나님을 믿고 따라가는 것이 참된 신앙입니다.

더 자극적인 장소, 금가루가 뿌려지는 곳, 환상이 일어나는 곳, 치유가 일어나는 곳을 찾아다니는 것이 신앙생활의 본질은 아닙니다. 복음의 능력 가운데 치유와 회복과 부흥의 능력이 일어나는 것은 맞지만, 본질은 예수님을 더 뜨겁게 사랑하게 되는 것입니다.

이러한 반짝이는 순간으로 내 신앙을 점검하는 것이 아니라, 내 문제가 해결되지 않았어도 하나님의 임재를 경험하는 방법을 말씀을 통해 배워가는 것입니다. 그래서 광야훈련이 우리 모두에게 필요합니다.

올바른 신앙은 무엇입니까? 주님을 사랑하는 것입니다. 내 마음의 중심에서 주님께 자리를 내어드리는 것입니다. "주님, 내 마음의 중심에 좌정하여 주세요. 나를 통치해주세요. 나를 다스려주세요. 내 인생은 당신의 것입니다"라는 고백이 절로 나오는 것입니다.

하나님이 멀게 느껴집니까? 그렇다면 믿음으로 고백하십시오.

"주님, 멀게 느껴짐에도 불구하고, 저는 주님의 자녀임을 선포합니다. 오늘 저를 만나주시고, 말씀해주세요."

이렇게 고백할 때 주님은 그 기도에 반드시 응답해주실 것입니다. 하나님의 뜻이 내 삶 가운데 임하는 그 기도, 하나님의 뜻이 내 마음 가운데 이루어지는 기도가 하나님이 가장 기뻐하시는 기도이기 때문입니다.

공동체의 영적 갈증을 해결하기

그렇다면 이렇게 공동체 가운데 영적인 갈증과 공허함이 일어날 때 다투지 않고, 어떻게 이것을 해결할 수 있을까요? 리더 및 따르는 백성의 입장에서 생각해봅시다.

광야의 이스라엘 백성은 출애굽 후 단 두 달 만에 네 번째 불평을 쏟아냈습니다. 맨 처음에는 홍해 앞에서 "차라리 애굽 땅이 좋았다"라고 했고, 두 번째는 마라의 쓴물을 만났을 때였으며, 세 번째는 양식이 없다고 원망했습니다. 그리고 이곳 맛사에서는 물이 없자 모세와 다투며 모세에게 돌을 던질 듯이(출 17:4 참조) 원망의 절정을 이룹니다.

이런 상황에서 지도자 모세는 어떻게 반응했나요? 그는 네 차례 모두 백성과 감정적으로 싸우지 않았습니다. 대신 하나님께 부르짖어 기도했습니다. 이것이 중요한 첫 번째 교훈입니다.

공동체를 변화시키는 것은 사람의 노력이 아닌 기도입니다. 아무리 친절하게 대하고, 배려하고, 도와주어도 인간의 본성은 쉽게 변하지 않습니다. 제가 알코올 중독자 185명과 함께 생활했을 때의 경험을 나누자면, 저는 그들에게 가진 것을 거의 다 나누어주었지만 감사함보다는 더 달라는 요구만 늘어났습니다. 그때 저는 사람을 변화시키려고 애쓰면 관계만 깨질 뿐이라는 사실을 깨달았습니다.

그러나 기도와 인내로 8개월을 버텼을 때, 놀라운 일이 일어났습니다. 예배 시간 전에 그들 스스로 방석을 깔고, 담배와 술을 끊고 함께 예배드리는 변화가 찾아왔습니다. 누가 그들을 변화시켰을까요? 바로 하나님이십니다. 사람은 사람을 변화시킬 수 없지만, 하나님은 하실 수 있습니다.

성경은 "너희가 피곤하여 낙심하지 않기 위하여 죄인들이 이같이 자기에게 거역한 일을 참으신 이를 생각하라"(히 12:3)라고 말씀합니다. 예수님이 죄인들의 반대와 고난을 참으신 것처럼, 우리도 리더로서 인내해야 합니다.

리더는 공동체의 문제 앞에서 기도할 때 하나님으로부터 해결책을 얻게 됩니다. 모세가 하나님께 부르짖었을 때 반석을 치라는 하나님의 지시를 받은 것처럼, 기도하며 인내하는 리더에게 하나님은 지혜와 방법을 주십니다.

그렇다면, 교회 공동체 안에서 열심히 믿음생활을 하는데도 문제가 해결되지 않을 때는 어떻게 해야 할까요? 사람이 아닌 예수님을 의지해야 합니다. 그분만이 우리의 모든 영적 갈등을 해결하실 수 있는 유일한 분입니다.

영적으로 건강한 사람은 언제나 영혼의 갈증을 느낍니다. 시편 기자가 "사슴이 시냇물을 찾기에 갈급함같이 내 영혼이 주를 찾기에 갈급하니이다"(시 42:1)라고 고백하듯이, 인간은 영적으로 하나님을 갈망하도록 창조되었고 그 갈망이 채워지지 않을 때 공허함을 경험하게 됩니다.

물질적인 풍요로움이 이 갈증을 해결할 수 없습니다. 우리의 갈증은 오직 천지를 창조하신 하나님이 우리와 함께하실 때 비로소 해결됩니다.

> 그 안에는 신성의 모든 충만이 육체로 거하시고 너희도 그 안에서 충만하여졌으니 … 골 2:9,10

성경은 그리스도 안에 하나님의 충만함이 거하며 그리스도를 통해 우리가 충만함을 얻는다고 말씀합니다. 하나님과 우리가 하나 되는 길은 오직 예수님뿐입니다. 예수님이 우리의 주님 되실 때 하나님의 충만함이 우리를 채웁니다.

이 비밀을 알았던 바울은 "나는 어떤 처지에 있든지 자족하는 법을 배웠습니다 … 나는 궁핍에 처할 줄도 알고 풍부에 처할 줄도 압니다"(빌 4:11,12 우리말성경)라고 고백했습니다. 물질이 없어도 자족할 수 있는 이유는 하나님이 함께하시기 때문입니다. 천국의 사고방식은 원망을 넘어 하나님을 신뢰하는 것입니다.

갈증을 해결하는 예수 반석의 생명수

우리는 종종 현재의 문제에 집착하여 '하나님이 나를 버리시지 않았는가?'라는 의심에 빠집니다. 때로는 재정 문제가 해결되고 관계의 어려움이 극복되었는데도, 여전히 마음 깊은 곳에서 느껴지는 갈증과 공허함 때문에 하나님을 의심합니다.

제 경험을 나누자면, 고시원 4평 방에서 살 때 처음에는 '서울에 집이 있어 감사하다'라는 마음이었지만, 곧 좁은 공간과 시끄러운 이웃 때문에 불평이 생겨났습니다. 그래서 하나님께 투룸 집을 기도했고, 얼마 후 그 기도가 응답되어 이사했습니다. 그런데 이상하게도 새집에 정착한 후에도 여전히 마음속 공허함은 사라지지 않았습니다.

사람은 원룸에서 투룸으로, 쓰리룸으로 옮겨간다 해도 영혼의 갈증이 해결되지 않는 존재입니다. 그리고 인생은 하나의 문제가 해결되어도 새로운 문제가 끊임없이 찾아옵니다.

천국의 사고방식으로 살아가고 갈증의 순간을 넘어서는 비결은 무엇일까요? 모든 인생의 갈증을 해결하는 근본적인 답은 성령으로 충만해지는 것입니다. 천국의 사고방식은 바로 예수님으로 충만해지는 것입니다.

제가 예수님을 만나기 전에는 술, 담배, 당구가 인생의 즐거움이었습니다. 당구 4구 300점을 칠 정도로 열심히 세상의 즐거움을 추구했습니다. 그러나 캐나다에서 회심한 후, 제 삶은 완전히 변화되었습니다.

3년 반 만에 옛 친구들을 만났을 때, 그들은 여전히 과거의 저를 기억하며 술자리로 데려갔습니다. 그날 저는 소주잔에 콜라를 따라 마시며 끝까지 술을 거부했고, 도우미 여성이 있는 노래방에도 가지 않았습니다. 대신 일반 노래방에서 〈소원〉이라는 크리스천 노래를 부르며 하나님을 찬양했습니다.

예전에는 세상의 즐거움을 추구했지만, 예수님을 만난 후에는 달라졌습니다. 술과 담배와 당구를 즐기는 대신 예수님을 노래할 때 마음의 시원함을 느끼고, 그분을 의지할 때 성령의 충만함을 경험하게 되었습니다.

> 다 같은 신령한 음료를 마셨으니 이는 그들을 따르는 신령한 반석으로부터 마셨으매 그 반석은 곧 그리스도시라 고전 10:4

바울은 모세가 친 반석을 예수 그리스도로 해석합니다. 예수님을 믿는 사람만이 그 반석에서 흘러나오는 생명수를 마실 수 있습니다. 예수님은 "누구든지 목마르거든 내게로 와서 마시라"(요 7:37)라고 말씀하셨습니다. 성령의 충만함만이 우리의 영혼을 진정으로 채우고 만족하게 하십니다.

인생의 갈증을 해결하는 길은 오직 예수님뿐입니다. 예수님으로 충만할 때, 인생의 갈등을 넘어 기쁨과 감사와 평안을 얻게 됩니다.

외로움을 넘어선 임재의 체험

제 마지막 간증으로 이 진리를 나누고 싶습니다. 이민 생활, 유학 생활은 누구에게나 힘듭니다. 사랑하는 가족과 친구들을 떠나온 그 땅에서 많은 사람이 외로움을 경험할 것입니다. 저 역시 캐나다에서 유학할 때 깊은 외로움을 느꼈습니다. '왜 내 마음을 알아줄 사람은 없을까?' 하는 생각에 눈물로 기도한 날이 하루 이틀이 아니었습니다.

트리니티 신학교에는 아름다운 산책로가 있는데, 저는 외로움을 느끼거나 논문이 잘 정리되지 않을 때면 그곳을 걸었습니다. 어느 날도 예외 없이 이어폰으로 크리스천 라디오를 들으며 걷다가 혼잣말로 고백했습니다.

"하나님, 참 외롭습니다. 이 산책로가 좁은 길인 것처럼 제 인생의 길도 너무 외로운 길 같습니다."

그때 갑자기 잔잔히 주님의 감동이 밀려왔습니다.

"왜 외롭다고 생각하니? 내가 너와 함께한다고 약속하지 않았니?"

그 말씀이 마음에 와닿는 순간, 감당할 수 없는 벅찬 감동이 밀려왔습니다. 외로움은 순식간에 사라지고, 하나님과 함께하는 기쁨으로 마음이 채워졌습니다.

> 하늘이여 노래하라 땅이여 기뻐하라 산들이여 즐거이 노래하라 여호와께서 그의 백성을 위로하셨은즉 그의 고난당한 자를 긍휼히 여기실 것임이라 사 49:13

하나님은 우리 인생의 아픔 가운데 있는 자들을 긍휼히 여기시는 분입니다. 모든 영광을 버리고 비천한 인생 가운데 함께하시며 우리를 위로하시는 분입니다. 이 사실을 깨달은 이사야 선지자는 "하늘이여 노래하라, 땅이여 기뻐하라, 산들이여 즐거이 노래하라"라고 외쳤습니다. 저도 그 말씀의 의미를 깨닫는 순간, 산책로의 토끼들과 나무들에게 외쳤습니다.

"토끼들아, 나무들아, 하나님께서 함께하는 사람이 외친다! 모든 만물들아, 주님을 찬양하라! 예수님은 우리 모두의 찬양을 받으시기에 합당하시다!"

그 순간, 놀랍게도 정말로 토끼들이 하나님을 찬양하는 것 같았고, 나무들이 손뼉을 치며 주님을 노래하는 것 같았습니다. 얼마나 영광스러운 모습이었는지, 그곳이 마치 천국 같았습니다. 천국은 저 멀리 있는 것이 아니라 지금 이곳에 임할 수 있다는 것을 비로소 깨닫게 되었습니다. 하나님의 통치가 있는 곳, 내 문제가 풀리지 않았을지라도 사랑과 기쁨과 평강과 감사가 충만한 곳이 바로 천국입니다.

인생의 진정한 목적을 발견하다

산책로를 걷고 있을 때 문득 '이 좁은 길의 끝은 무엇일까? 내 인생의 끝은 무엇일까?'라는 질문이 떠올랐습니다. 생각하며 걷다가 마침내 산책로의 끝자락에 서게 되었고, 귀에서 아름다운 찬양이 들렸습니다. 그때 깨달았습니다. 내 인생의 끝은 나를 가장 사랑하시는 예수님을 만나는 것입니다. 이 땅의 삶이 먼지같이 짧다는 것을 알기에, 그 주님을 너무나 만나고 싶어서 선교하고 전도하는 것입니다. 땅끝까지 복음을 전할 때 구름 타고 오신다는 그 영광의 날을 소망하기 때문입니다.

내 인생의 끝에서 나의 주님, 나의 왕 되신 예수님이 내 눈물을 닦아주시며 "너 참 고생 많았지"라고 말씀하실 것입니다. 인생의 모든 아픔과 문제들을 하나하나 해석해 주시고 "이제 내 품에 안겨 다시는 죄도 없고 눈물도 없고 관계의 아픔도 없는 이곳에서 나와 함께하자"라고 말씀해주실 것입니다. 주님만으로 만족할 수 있는 곳, 예수 그리스도만으로 충분한 그곳이 우리를 기다리고 있습니다.

이것은 단순한 간증으로 끝나는 것이 아닙니다. 말씀이 이 진리를 확증합니다.

> 그러므로 우리가 믿음으로 의롭다 하심을 받았으니 우리 주 예수 그리스도로 말미암아 하나님과 화평을 누리자 또한 그로 말미암아 우리가 믿음으로 서 있는 이 은혜에 들어감을 얻었으며 하나님의 영광을 바라고 즐거워하느니라 다만 이뿐 아니라 우리가 환난 중에도 즐거워하나니 이는 환난은 인내를, 인내는 연단을, 연단은 소망을 이루는 줄 앎이로다 소망이 우리를 부끄럽게 하지 아니함은 우리에게 주신 성령으로 말미암아 하나님의 사랑이 우리 마음에 부은 바 됨이니 **롬 5:1 – 5**

하나님께서 성령님을 통해 우리 마음에 부어주신 그 사랑이 얼마나 크고 감사한지요! 가장 큰 소망이신 예수 그리스도의 다시 오심을 기다리며, 하나님의 영광을 소망하고 즐거워하는 것이 천국의 사고방식을 갖춘 진정한 성도의 모습입니다.

공허한 인생 가운데 반석이신 예수 그리스도를 끝까지 신뢰하고 믿고 따라가야 합니다. 그 믿음에서 믿음으로 살아가는 자가 예수님으로 충만하고 성령으로 충만한 인생을 살 수 있습니다.

재정이나 관계 문제가 해결되어도 우리 인생이 여전히 목마르고 만족이 되지 않는 이유는 무엇인가요? 우리 영혼은 오직 예수님으로만 진정한 만족을 얻을 수 있도록 지음 받았기 때문입니다. 세상의 그 어떤 것도 영혼의 갈증을 해소할 수 없습니다. 오직 예수님만이 우리의 답이 되십니다.

답답함이 있을 때 "하나님, 제가 반석이신 예수를 바라보게 하소서"라고 기도합시다. 믿음으로 시작했으니, 율법으로 마치는 인생이 아니라 믿음에서 믿음으로 걸어가는 자가 됩시다. 오늘 말씀으로 결단하며 기도합시다. 당신이 예수 충만, 성령 충만한 인생이 되기를 가장 존귀하신 예수님의 이름으로 축원합니다.

"인생의 진정한 갈증을 해결할 수 있는 예수님을 만나게 해주십시오. 아무리 돈이 많아도, 아무리 자동차가 많아도, 아무리 좋은 것이 많아도 끊임이 없는 이 갈증을 해결할 수 있는 분은 예수 그리스도밖에 없음을 알게 해주십시오. 한량처럼 살아가는 사람들, 술과 담배와 당구, 이 세상의 오락과 게임과 쾌락에 빠져 있는 자들이 미혹되지 않게 해주시고, 성령의 생수를 받고 즐거워하는 법을 배우게 해주십시오. 환난 가운데서도 인내하는 법을 배우고, 연단 가운데서 예수 그리스도의 다시 오심을 준비하며 약속의 말씀을 붙드는 자들이 되게 해주십시오.

특별히 지도자들을 위로해주시고, 기도하며 인내하는 자가 되게 해주십시오. 끝까지 믿음으로 승리하며 사명의 길을 감당할 수 있는 리더, 성령으로 충만하고 은혜로 충만하며 말씀에 충만한 리더가 될 수 있도록 축복해주십시오. 모든 지체가 원망하고 불평하는 입술을 닫고, 주님을 향하여 믿음으로 선포하고 신뢰하며 약속의 말씀을 붙들고 나아가는 하나님의 사람들이 되게 하여 주시옵소서. 공허한 인생 가운데 예수의 충만함이 무엇인지, 성령의 충만함이 무엇인지 깨닫는 인생들이 되기를 기도합니다."

● 묵상 및 나눔 질문 ●

1. 이스라엘 백성은 "여호와께서 우리 중에 계신가 안 계신가"라며 하나님의 임재를 의심했습니다. 어려운 상황에서 하나님의 임재를 의심했던 경험이 있나요? 그때 어떻게 극복했나요?

2. 영적 갈증의 세 가지 원인으로 외부 환경에 대한 집착, 하나님의 약속을 잊음, 하나님의 임재에 대한 의심을 살펴보았습니다. 현재 당신이 경험하는 영적 갈증은 어떤 원인에서 비롯되었다고 생각하나요?

3. 모세가 백성들과 감정적으로 싸우지 않고 하나님께 부르짖는 것을 통해 리더에게 '인내와 기도'의 자세가 필요함을 보았습니다. 리더가 갈등 상황에서 기도로 반응하는 것이 왜 중요할까요? 당신의 경험을 나누어보세요.

4. '맛사 므리바'는 '시험과 다툼의 장소'라는 의미입니다. 신명기(33:8)와 시편(95:8,9)에서도 이 사건을 언급합니다. 성경이 이 사건을 반복해서 기록한 이유는 무엇일까요? 오늘날 교회가 이 교훈에서 배워야 할 점은 무엇일까요?

5. 고린도전서 10장 4절은 반석을 그리스도로 해석합니다. 구약의 물리적 반석과 신약의 영적 반석이신 그리스도 사이의 관계를 어떻게 이해할 수 있을까요? 이것이 구속사적 관점에서 우리에게 주는 의미는 무엇인가요?

6. 본문에서 물질적 풍요가 영적 갈증을 해결할 수 없다고 했습니다. 바울이 고백한 자족의 비결(빌 4:11,12)과 연관 지어, 현대 물질주의 사회에서 그리스도인이 어떻게 영적 만족을 누릴 수 있을지 생각해봅시다.

7. 이 장을 통해 당신이 현재 겪고 있는 영적 갈증을 어떻게 새롭게 바라보게 되었나요? 이 갈증을 해소하기 위해 어떤 구체적인 실천을 하고 싶은가요?

3부

광야의 전투: 승리의 비결

6 기도의 손, 믿음의 칼

하늘과 땅이 함께하는 영적 전투

출애굽기 17장 8 - 16절

광야에서 배우는 공동체와 중보기도의 힘

하나님께서 가장 중요하게 여기시는 것은 무엇일까요? 첫째는 하나님을 경외하고 사랑하는 것, 둘째는 이웃을 내 몸과 같이 사랑하는 것입니다. 앞서 소개한 '광야에서 배우는 다섯 가지 천국의 사고방식'(2장)은 바로 이 하나님 사랑과 이웃 사랑의 두 방향으로 이루어져 있습니다.

2부에서는 3-5장 세 장에 걸쳐서, 나와 하나님과의 관계 훈련에 초점을 맞추어 하나님을 어떻게 사랑해야 할지 세 가지 원리를 이야기하였습니다. 이제 3부에서는 나와 이웃, 우리 공동체라는 더 넓은 시야로 확장해보겠습니다.

첫 시간인 이번 6장에서는 그 두 번째 큰 계명과 관련된 첫 번째 훈련으로, 공동체 안에서 어떻게 살아가야 하는지 생각해보겠습니다. 성경은 이를 위한 방법으로 공동체의 중요성을 깨닫고 서로를 위해 기도하라고 가르쳐 줍니다. '공동체와 중보기도'의 원리입니다.

우리 인생의 아말렉

나이가 들수록, 인생의 여정이 길어질수록 인생 광야의 실재를 더 깊이 체험하게 되지만 젊은이들도 각자의 방식으로 광야를 경험하고 있을 것입니다. 청소년들에게는 친구 관계 문제가 큰 광야일 수 있습니다. 아무리 잘해 주려 해도 뒤에서 나를 험담하고 다른 친구들과의 관계를 방해하는 상황을 겪을 수 있습니다. 이 또한 광야의 훈련입니다.

이렇게 홀로 감당하기 힘든 영적 전쟁 가운데서 어떻게 살아야 할까요? 우리 인생 자체가 영적 전쟁터인데, 어떻게 승리할 수 있을까요?

우리 인생 가운데는 항상 우리를 막고 있는 사탄의 세력이 있는데 성경에서는 이를 '아말렉'이라고 표현합니다. 이들은 우리가 힘들고 지쳐있을 때 비겁하게 뒤에서 공격해 우리를 낙심시키고 주저앉게 만드는 존재로, 우리가 천국에 이르는 날까지 계속해서 시험하고 대적할 것입니다. 이 아말렉과 같은 도전들 가운데서 꼭 기억할 것은 '절대로 혼자서는 이길 수 없다'라는 사실입니다. 함께 기도할 때만 이길 수 있습니다.

영적 전쟁의 승리 비결

아말렉과의 전쟁에서 모세와 아론, 훌, 그리고 여호수아는 각자 자기 자리를 지키며 하나로 움직였습니다. 교회 공동체 또한 서로를 위해 기도할 때 하나님의 승리를 경험할 수 있습니다. 이 장을 통해 당신에게 '나도 이 기도 공동체 안에 있고 싶다. 혼자가 아니라 누군가 내 손을 붙들어주길 바라고, 나도 누군가를 위해 기도하고 싶다'라는 갈망이 일어나기를 예수님의 이름으로 축복합니다.

출애굽기 17장 8-16절을 보면, 이스라엘 백성은 광야 여정 중 아말렉 족속과 맞서 싸워야 했습니다. 여기서 주목해야 할 승리의 비결은 바로 공동체적 협력과 중보기도입니다.

이 장면은 단순한 전쟁 이야기가 아니라 하나님나라의 가치가 어떻게 공동체를 통해 실제적으로 드러나는지 생생하게 보여주는 교훈입니다. 우리가 살아가는 이 시대는 혼란스럽고, 사회적 갈등과 이념적 대립이 심화되고 있습니다. 이런 때일수록 우리는 복음과 하나님나라의 가치를 더욱 굳게 붙잡아야 합니다.

이 아말렉 전쟁의 본문을 통해 세 가지 중요한 질문에 답을 찾아보려 합니다. 이 질문들을 통해 우리 삶과 신앙에 적용할 수 있는 귀중한 원리들을 발견하게 되기를 소망합니다.

- 왜 우리는 함께해야 승리할 수 있는가?
- 어떻게 중보기도가 우리의 영적 동력이 되는가?
- 여호수아처럼 실제적으로 싸운다는 것의 구체적인 의미는 무엇인가?

함께해야 승리한다

이스라엘 백성이 광야를 지나가던 어느 날, 예상치 못한 일이 일어났습니다. 아말렉 족속이 갑자기 그들을 공격한 것입니다.

> 그때에 아말렉이 와서 이스라엘과 르비딤에서 싸우니라 모세가 여호수아에게 이르되 우리를 위하여 사람들을 택하여 나가서 아말렉과 싸우라 내일 내가 하나님의 지팡이를 손에 잡고 산꼭대기에 서리라 여호수아가 모세의 말대로 행하여 아말렉과 싸우고 모세와 아론과 훌은 산꼭대기에 올라가서 … 출 17:8 – 10

에서의 손자 아말렉에서 비롯된 아말렉 족속은 사막 지역에 사는 유목민으로, 약한 자들을 노리는 나쁜 습관을 가지고 있었습니다. 신명기 25장에는 이렇게 기록되어 있습니다.

> 너희는 애굽에서 나오는 길에 아말렉이 네게 행한 일을 기억하라 곧 그들이 너를 길에서 만나 네가 피곤할 때에 네 뒤에 떨어진 약한 자들을 쳤고 하나님을 두려워하지 아니하였느니라 신 25:17,18

위기를 맞은 이스라엘 공동체는 곧바로 역할을 나누었습니다. 여호수아는 군사들을 이끌고 전장에서 싸웠고, 모세는 아론, 훌과 함께 산꼭대기로 올라갔습니다. 여기서 중요한 진리를 배울 수 있습니다.

첫 번째는 광야의 싸움에서 한 사람의 노력만으로는 이길 수 없다는 것입니다. 우리가 사는 지금도 마찬가지입니다. 사회적 갈등, 이념 대립, 다양한 어려움 속에서 혼자 노력해서는 변화를 만들기 어렵습니다.

> 한 사람이면 패하겠거니와 두 사람이면 맞설 수 있나니 세 겹 줄은 쉽게 끊어지지 아니하느니라 전 4:12

> 한 사람으로서는 당해 낼 수 없는 공격도 두 사람이면 능히 막아낼 수 있으니 삼겹줄은 쉽게 끊어지지 않는다. 전 4:12 현대인의 성경

이것이 바로 공동체의 힘입니다. 전장과 산꼭대기는 하나로 연결되어 있습니다.

두 번째로 중요한 점은 여호수아의 싸움과 모세의 기도가 분리되지 않고

하나로 작동했다는 사실입니다. 산꼭대기에서 기도하는 일과 전장에서 싸우는 일이 동시에 필요했습니다. 둘 중 어느 하나라도 없었다면 승리는 불가능했을 것입니다.

신앙 공동체는 영적 지도자, 기도하는 사람, 현장에서 일하는 사람이 따로 있는 것이 아니라 한 몸을 이루어야 합니다. 예를 들어, 선교사들이 다른 나라에서 복음을 전하고 있다면, 우리는 여기서 그들을 위해 기도함으로써 그들을 도울 수 있습니다.

사도행전을 보면, 초대 교회는 이러한 원리를 잘 실천했습니다. 사도들은 말씀과 기도에 전념했고, 집사들은 구제와 섬김의 일을 했으며, 선교사들은 복음을 전파했습니다. 각자의 역할이 달라도 모두 한 몸으로 연결되어 있었기에 하나님의 일이 크게 이루어질 수 있었습니다. 다양한 은사와 역할이 하나로 모일 때 승리합니다.

전장과 산꼭대기에 있는 사람들을 보세요. 모세, 아론, 훌, 여호수아와 군사들 모두 서로 다른 역할과 은사를 가졌습니다. 모세는 기도의 인도자로, 여호수아는 전략가이자 군사 지도자로, 아론과 훌은 모세를 돕는 동역자로 그 역할을 다했습니다. 다양한 역할과 은사가 하나로 합쳐질 때 하나님의 능력이 온전히 나타났습니다.

바울은 교회를 몸에 비유하며 각 지체의 다양성과 연합의 중요성을 강조했습니다.

> 몸은 하나인데 많은 지체가 있고 몸의 지체가 많으나 한 몸임과 같이 그리스도도 그러하니라 고전 12:12

우리의 교회 공동체에도 이 원리가 적용됩니다. 청소년과 어른들, 생각이 다른 사람들, 다양한 재능과 배경을 가진 사람들이 한 몸을 이루어야 합니다. 특히 서로 다른 생각 때문에 갈등이 있는 이 시대에 교회는 예수 그리스도 안에서 하나 됨을 보여주어야 합니다.

> 평안의 매는 줄로 성령이 하나 되게 하신 것을 힘써 지키라 몸이 하나요 성령도 한 분이시니 이와 같이 너희가 부르심의 한 소망 안에서 부르심을 받았느니라
> 엡 4:3,4

중보기도는 하나님의 손을 움직이는 영적 동력

> 모세가 손을 들면 이스라엘이 이기고 손을 내리면 아말렉이 이기더니 출 17:11

모세의 손이 올라갈 때와 내려갈 때 승패가 갈렸습니다. 모세가 손을 들면 이스라엘이 이기고, 손을 내리면 아말렉이 이겼습니다. 이 놀라운 장면은 전쟁의 승패가 결국 하나님께 달려 있음을 보여줍니다.

손을 든다는 것은 무슨 의미일까요? 성경 전체를 살펴보면, 손을 드는 행위는 하나님께 대한 완전한 헌신과 경외를 표현하는 행동입니다.

아브람은 맹세할 때 손을 들었습니다(창 14:22). 모세는 하나님의 도움을 구할 때 손을 들었습니다(출 9:29). 아론은 백성을 축복할 때 손을 들었고(레 9:22), 솔로몬은 성전 봉헌 기도를 드릴 때 손을 펴고 기도했으며(왕상 8:22,23), 시편 기자들은 간절히 부르짖을 때 손을 들었습니다(시 28:2, 63:4,

141:2).

손을 든다는 것은 "하나님, 제 인생이 주님의 손에 달려 있습니다. 저는 항복합니다"라고 고백하는 것입니다. 내가 아무 힘이 없음을 인정하면서, 하나님께 내 인생을 맡기는 행동입니다.

찬양할 때 손을 드는 것은 이상한 행동이 아닙니다. 하나님을 경외하고 기뻐하는 마음에서 나오는 자연스러운 표현입니다. 다윗처럼 주님 앞에서 기쁨으로 춤추며 "십자가에서 죽으시고 부활하신 주님이 나의 주님이라는 것이 얼마나 감사한지요. 하나님 영광 받으소서!"라고 고백하는 것입니다. 기도할 때 답답하면 먼저 손을 들어 하늘을 바라보세요. 하나님께서 당신을 보고 계십니다.

짐을 함께 지는 공동체

> 모세의 팔이 피곤하매 그들이 돌을 가져다가 모세의 아래에 놓아 그가 그 위에 앉게 하고 아론과 훌이 한 사람은 이쪽에서, 한 사람은 저쪽에서 모세의 손을 붙들어 올렸더니 그 손이 해가 지도록 내려오지 아니한지라 출 17:12

모세는 위대한 지도자였지만, 그 역시 사람이기에 팔이 피곤해질 수밖에 없었습니다. 그러자 아론과 훌이 돌을 가져다가 모세의 아래에 놓아 그를 그 위에 앉히고, 양옆에서 그의 두 팔을 붙들어주었습니다.

한 선교사는 동료 선교사가 암 진단을 받았을 때 이렇게 기도했습니다. "주님, 저 후배 선교사는 아이가 한 살밖에 안 됩니다. 너무 어렵습니다. 그 아이에게는 엄마가 필요합니다. 저는 자식도 다 키웠고 선교의 열매도 많습니다. 주님, 저 암을 제게 주세요. 후배 선교사가 더 살아서 열매를 맺을 기회를 주세요."

이것이 진정한 공동체입니다. 하나님나라를 위해 상대방의 아픔을 함께 짊어지고 하나님께 간절히 기도할 수 있는 것입니다.

그 결과 어떤 일이 있었을까요? 그 후배 선교사님은 하나님의 말씀을 받았습니다. "내가 죽지 않고 살아서 여호와께서 하시는 일을 선포하리라"(시 118:17) 이 말씀을 굳게 붙잡고 수술을 받았습니다. 동료들의 도움으로 수술과 치료를 받았고, 완치되어 10년이 지난 지금도 다음세대를 위한 상담교사로 일하고 있습니다. 할렐루야! 누가 하셨습니까? 하나님께서 하셨습니다.

중보기도로 하나 된 교회는 시대의 희망

공동체 안에 함께 있어도 사람들의 생각은 서로 다를 수 있습니다. 그러나 중보기도는 이념적 대립보다 더 중요합니다. 우리가 기도로 하나 되면 이념보다 크신 하나님나라의 가치를 바라보게 됩니다. 중보기도는 분열된 공동체를 묶고, 하나님의 영광을 드러내는 힘입니다.

공동체에 아픔과 탄식이 있다면, 가장 먼저 해야 할 일은 기도입니다. 우리 공동체에 아픈 사람이 있다면, 그들을 위해 누가 기도해야 할까요? 우리가 그들과 함께해야 하지 않을까요? 당장 우리가 손을 들고 그분들을 위해 기도해야 합니다.

"하나님, 낙심하지 않게 해주십시오. 죄책감에 빠지지 않게 해주십시오. 치유의 하나님께서 속히 치료해주십시오."

지금 당신이 직장 문제, 관계 문제로 손이 떨어질 것 같고 집안 문제가 풀리지 않아 절망적이라면, 그것을 옆에 있는 형제자매에게 고백할 용기가 필요합니다. 그것이 공동체입니다. 그리고 우리도 누군가에게 아론과 훌이 되어주어야 합니다.

"너는 혼자가 아니야. 우리는 예수 그리스도의 몸 된 교회 공동체잖아. 나는 힘이 없지만, 우리 예수님은 오늘도 주야로 기도하시는 중보자셔. 우리 예수님은 졸지도 주무시지도 않고, 포기하지 않으신다. 나는 그분을 믿는 믿음으로 너와 함께할 거야. 너는 반드시 일어날 수 있어!"

이렇게 격려하고 그 믿음으로 기도하면 그 사람은 일어납니다. 그 사람은 반드시 회복됩니다. 주님이 살아계시기 때문입니다!

중보기도 모임을 통해 수많은 기적이 일어났습니다. 우울증이 나았고, 공황장애가 치유되고, 몸의 질병이 나았습니다. 임종을 앞둔 이들에게도 마지막 순간 주님을 영접하는 놀라운 일들이 일어났습니다.

여호수아처럼 싸운다는 것

> 여호수아가 칼날로 아말렉과 그 백성을 쳐서 무찌르니라 출 17:13

아말렉과의 전투에서 모세가 산 위에서 손을 들고 기도할 때, 여호수아는 전쟁터에서 실제로 싸웠습니다. 그는 단순히 무기를 든 전사가 아니라, 하나님의 뜻에 순종하며 전장에서 헌신한 신앙의 용사였습니다. 여호수아처럼 싸운다는 것은 무엇을 의미할까요?

첫째, 현장에서 순종하며 헌신하는 것입니다.

모세의 기도가 중요했지만, 그것만으로는 부족했습니다. 여호수아처럼 실제 전장에 나가 싸우는 사람이 필요했습니다. 우리의 신앙도 마찬가지입니다. 기도만 하고 행동이 없다면 온전한 신앙이 아닙니다. 여호수아처럼 우리의 일터, 가정, 학교에서 하나님의 공의와 정의를 실천하는 것이 진정한 싸움입니다.

둘째, 이념 대결이 아닌 복음 가치를 실천하는 것입니다.

오늘날 우리 사회는 이념적으로 나뉘어 있고 양쪽 모두에 크리스천이 있습니다. 여호수아처럼 싸운다는 것은 상대방을 무너뜨리는 것이 아니라 복음의 가치를 현실에 심는 것입니다. 진리와 정의를 추구하되, 사랑과 존중으로 대화하고 성경적 세계관에 기반한 대안을 제시하는 것이 참된 싸움입니다.

셋째, '여호와 닛시'를 기억하는 것입니다.

모세는 승리 후 제단을 쌓고 "여호와 닛시"(여호와는 나의 깃발)라고 불렀습니다. 이것은 모든 승리의 주관자가 하나님이심을 인정하는 것입니다. 여호수아처럼 싸운다는 것은 결국 우리가 이미 승리하신 예수 그리스도를 의지하며 하나님의 구원 역사에 동참하는 것입니다.

한 정신병원의 사역 이야기입니다. 알코올 중독자들이 가득한 그 어려운 환경에서, 기도하는 팀과 현장에서 헌신하는 사역자들이 함께 일할 때 변화가 일어났습니다. 8개월 만에 병원장이 일대일 성경공부를 시작했고, 직원 예배와 환자 예배가 세워졌습니다. 한때 장로였던 알코올 중독자가 다시 일어나 기도하는 모습은 하나님의 능력을 보여줍니다.

여호수아처럼 싸운다는 것은 불의와 거짓에 침묵하지 않고, 정직하고 진실하게 살아가는 것입니다. 그것은 약한 자를 보호하고, 공정하게 행동하며, 진정성을 가지고 살아가는 것입니다. 이런 삶을 통해 우리는 하나님나라의 가치를 이 세상에 실현해 나갑니다.

중보기도자는 성벽 위의 파수꾼

마지막으로 중요한 이야기를 나누고 싶습니다. 저는 교회마다 숨어있는 보물 같은 사람들을 보았습니다. 12년 전, 저는 1년 동안 병으로 투병했는데, 그때 성령님의 인도하심을 따라 전국의 교회들을 돌아다니며 중보기도 집회를 했습니다. 그곳에서 만난 많은 분이 이런 고백을 했습니다.

"선교사님, 우리 교회 목사님이 타락했습니다."

"우리 교회가 분열되었습니다."

"부끄러워서 다른 사람에게 말할 수 없습니다. 선교사님은 기도하는 사람이니 이 기도 제목을 받아주시고 저를 위해 기도해주십시오."

이런 사람들이 무려 300명이나 되었습니다. 저는 그 300명의 이름을 기도수첩에 적어두고, 매일 눕든지 일어나든지, 앉아 있든지 서 있든지 그들의 이름을 부르며 기도했습니다. 왜 그랬을까요? 제가 생각하기에 그들은 하나님의 자존심과 같은 사람들이었기 때문입니다.

보이지 않는 곳, 누구도 알아주지 않는 골방에서 눈물로 기도하며 예수 그리스도의 몸 된 교회를 위해 주야로 기도하는 그들을 하나님이 얼마나 기뻐하실까요. 그래서 하나님은 그들을 이 시대의 자존심처럼 여기신다고 느꼈습니다.

그 12년 전 제 병이 치유된 것도 김천에 계신 기도하는 목사님 부부와 할머니들 덕분이었습니다. 목사님 부부와 70대 어르신들이 저를 위해 1년간 기도해주셨습니다. 그분들은 저를 선교사라는 이유 하나만으로 사랑해주시고 품어주시고 모든 것을 아낌없이 내어주셨습니다. 그분들의 기도를 통해 제가 살아났습니다. 그 후 1년 동안 저는 300명의 교회의 보물 같은, 엔진과 같은 중보자들을 위해 기도해 왔습니다.

오늘 당신에게 도전을 드리고 싶습니다. 교회의 엔진과 같은 기도하는 사람들이 일어나야 합니다. 그래야 한 영혼을 품고 다음세대와 조국과 열방을 품는 교회가 될 수 있습니다. 기도 없이는 안 됩니다. 공동체의 기도 없이는 '한 영혼'을 품을 수 없습니다. 공동체의 기도가 없으면 다음세대는 살아나지 않습니다.

우리 공동체의 기도가 일어났을 때 반드시 잃어버린 영혼들이 살아나게 됩니다. 우리 공동체의 기도가 있을 때 이 조국과 민족과 열방이 살아나게 됩니다. 우리 민족이 선교하는 민족, 선교 지향적인 민족이 되고 예수님의 재림을 준비하여 주님께 인정받는 교회가 될 것입니다.

기도하는 모세와 현장에서 싸우는 여호수아, 이 두 역할이 조화를 이룰 때 진정한 승리를 경험하게 됩니다. 우리도 각자의 자리에서 기도와 실천을 통해 하나님나라를 세워나가는 영적 전사가 되기를 소망합니다.

기억하세요. 혼자서는 이길 수 없지만, 함께하면 이깁니다. 하나님을 의지하고, 공동체와 함께할 때, 어떤 어려움도 이겨낼 수 있습니다. 우리의 싸움은 이미 승리하신 예수 그리스도와 함께하는 싸움이기 때문입니다.

모세가 "여호와 닛시", 즉 "여호와는 나의 깃발"이라고 고백했듯이, 우리도 주님을 우리의 깃발로 높이 들고, 기도의 손을 들어 하나님의 영광을 위해 살아갑시다. 기도하면 살아납니다. 기도하면 반드시 살아납니다. 세 겹줄은 쉽게 끊어지지 않습니다.

◑ 묵상 및 나눔 질문 ◑

1. 아말렉이 약한 자들을 뒤에서 공격한 것처럼, 최근 당신이 피곤하고 지쳤을 때 경험한 영적 공격이나 유혹이 있나요? 어떻게 대처했나요?

2. 모세의 손이 올라가면 이스라엘이 이기고, 내려가면 아말렉이 이겼습니다. 당신의 기도 생활과 영적 승리 사이에 어떤 연관성을 경험하고 있나요?

3. 모세의 팔이 피곤해졌을 때 아론과 훌이 그의 손을 붙들어주었습니다. 당신이 누군가의 '아론과 훌'이 되어주었거나 누군가가 당신의 '아론과 훌'이 되어준 경험을 나누어보세요.

4. 모세의 기도와 여호수아의 전투는 각각 중요한 역할을 했습니다. "모든 기도와 간구를 하되"(엡 6:18)라는 말씀과 "행함이 없는 믿음은 그 자체가 죽은 것"(약 2:17)이라는 말씀을 연결 지어, 현대 교회에서 기도와 실천의 균형은 어떻게 이뤄져야 할지 생각해보세요.

5. 본문에서 교회 공동체 안에 서로 생각이 다른 사람들이 있지만, 중보기도를 통해 하나 될 수 있다고 강조했습니다. 사도행전 2장 42-47절의 초대 교회 모습과 비교할 때, 오늘날 분열된 사회에서 교회는 중보기도를 통해 어떤 역할을 감당해야 할까요?

6. 모세가 승리 후 제단을 쌓고 "여호와 닛시"라고 고백했습니다. 시편 20편 5절과 연관 지어, 영적 전투에서 '승리의 주관자'가 하나님이심을 인정하는 것이 왜 중요할까요? 실제 우리 삶에서 어떻게 이를 실천할 수 있을까요?

7. 이 장을 통해 당신의 기도 생활과 공동체적 섬김에 대해 어떤 도전을 받았나요? 구체적으로 실천하고 싶은 것이 있다면 무엇인가요?

7 함께하는 리더십

한 사람이 아닌 공동체의 힘

출애굽기 18장 13-22절

리더와 공동체의 부족함이 보일 때

주변의 리더들을 생각해보세요. 처음에는 완벽해 보이던 사람도 오래 지켜보면 어떤 부족함이 보이기 마련입니다. 저 또한 신앙생활을 통해 사람은 누구나 불완전하다는 진리를 체험하게 되었습니다.

그렇다면 질문이 생깁니다. 리더의 부족함을 발견했을 때 어떻게 반응해야 할까요? 뒤에서 비판하고 불평해야 할까요, 아니면 그저 걱정만 하며 지켜봐야 할까요? 아니면 또 다른 방법이 있을까요?

교회 공동체에서 목회자가 신뢰하는 몇 사람에게 많은 일이 몰리는 모습을 종종 보게 됩니다. 한 청년이 행정부터 프로그램 기획, 행사 준비, 찬양 인도까지 모든 일을 맡게 되면 어떻게 될까요? 결국 지치고 소진되고 맙니다.

많은 사람이 인생의 광야에서 "내가 왜 이 어려움을 혼자 감당해야 하지?"라고 외치고, "왜 우리 공동체는 더 나아지지 않는 걸까?"라며 낙심합니다. 하지만 하나님은 이런 공동체가 아니라 서로의 부족함을 채우며 함께 성장하는 공동체를 원하십니다. 건강한 공동체는 한 사람에게 모든 책임을 지우는 것이 아니라 각자의 은사대로 짐을 나눠서 지는 곳입니다.

출애굽기 18장 13-22절은 바로 이런 상황을 보여주며 우리에게 희망을 줍니다. 이스라엘 백성이 광야를 지나는 동안, 모세는 모든 문제를 혼자 해결하려고 했습니다. 그때 찾아온 그의 장인 이드로가 "이렇게 하다가는 너와 백성이 모두 지치고 말 것이다. 이 일이 네게 너무 중하다"라며 중요한 조언을 합니다.

그 지혜로 우리의 지친 삶과 공동체가 어떻게 새 힘을 얻고 회복될 수 있는지, 어떻게 부족한 리더십을 함께 채우고 건강한 공동체로 성장할 수 있는지 배워보려고 합니다.

이드로의 지혜로운 접근법

출애굽 이후 이스라엘 백성은 지금 광야를 지나고 있습니다. 이 광야 여정은 결코 쉽지 않았습니다. 백성들은 목마르고 배고프며 전쟁의 위험 속에 있었습니다. 이런 상황에서 사람들 사이에 다툼이 생기고, 재산 분쟁이 발생하기도 했습니다. 육체적으로, 영적으로 어려움을 호소하는 사람이 늘어났습니다. 모세는 아침부터 저녁까지 쉴 새 없이 백성들의 문제를 듣고 해결해야 했습니다. 이런 때 모세의 장인 이드로가 찾아오는데, 그가 보여준 모습에서 우리는 중요한 교훈을 배울 수 있습니다.

그는 먼저 모세의 이야기를 경청했습니다(출 18:9-12). 하나님께서 모세와 이스라엘 백성에게 행하신 일들을 듣고 크게 감동을 받았지요.

생각해보세요. 나이 든 분이 젊은 사역자에게 조언할 때 어떻게 해야 할까요? "내가 너보다 경험이 많고, 교회에 대해 다 알아. 이렇게 하면 안 돼"라고 말하는 것은 교만한 태도입니다. 그러나 이드로는 달랐습니다. 그는 세 가지 중요한 자세를 보여주었습니다.

① 경청하는 귀

그는 먼저 모세의 이야기를 들었습니다. 무엇이 힘든지 물으며 진심으로 귀 기울였습니다.

> 모세의 장인이 모세가 백성에게 행하는 모든 일을 보고 이르되 네가 이 백성에게 행하는 이 일이 어찌 됨이냐 어찌하여 네가 홀로 앉아 있고 백성은 아침부터 저녁까지 네 곁에 서 있느냐 출 18:14

② 공감하는 마음

"많이 힘들겠네요. 이렇게 하다가는 안 되겠어요"라며 모세의 상황에 공감했습니다.

> 너와 또 너와 함께한 이 백성이 필경 기력이 쇠하리니 이 일이 네게 너무 중함이라 네가 혼자 할 수 없으리라 출 18:18

③ 하나님 중심의 조언

조언을 한 후에도 "하나님께 기도해보세요"라고 말했습니다. 이드로는 자신의 경험과 지혜가 맞을 수도 있지만, 최종 판단은 모세가 하나님과의 관계 속에서 결정해야 한다고 믿었습니다.

> 네가 만일 이 일을 하고 하나님께서도 네게 허락하시면 네가 이 일을 감당하고 이 모든 백성도 자기 곳으로 평안히 가리라 출 18:23

이것이 무너지면 공동체의 질서가 깨져버립니다. '내가 하나님의 음성을 듣고 경험이 많은데, 네가 나를 무시해?'라고 생각하는 것은 건강하지 않습니다. 누군가 내 의견을 따르지 않을 때 내가 무시당했다고 느끼는 것은 내 마음속에 상처가 있기 때문일 수 있습니다. 하지만 주님을 경외하는 사람은 서로를 존중하고 배려하며, 하나님의 뜻이라면 "아멘" 하고 순종할 기회를 기다릴 줄 압니다. 기도할 줄 아는 사람이 됩니다.

우리 믿음의 공동체의 모든 분, 특히 집사님들, 권사님들을 비롯해 믿음의 어른들이 이와 같은 믿음의 성숙함을 갖게 되기를 축복합니다.

부족한 리더십을 함께 채우는 공동체의 3가지 원리

부족한 리더십을 함께 채우는 공동체의 세 가지 구체적인 원리를 살펴보겠습니다. 어떤 원리들을 배워야 우리의 공동체가 이런 멋진 공동체로 성장할 수 있을까요?

리더십이 한계를 인정할 때 공동체가 살아난다

13절에 따르면 모세는 아침부터 저녁까지 백성의 소송과 문제를 듣고 재판했습니다. 지도자 혼자서는 감당하기 어려울 정도로 일이 많아 그는 완전히 과부하 상태였습니다.

우리의 교회들을 생각해볼까요? 좋은 목사님이 교회를 개척하시면 많은 사람이 '와, 이제 목사님을 독차지(?)할 수 있겠다'라고 생각합니다. 교회가 처음 개척될 때는 목사님을 마음껏 만날 수 있고 대화할 수 있죠. 하지만 점점 교회가 성장하고 사람들이 많아지면 예전처럼 목사님을 쉽게 만날 수 있을까요? 업무가 많아지면 아마 얼굴 보기도 힘들어질 겁니다.

저도 솔직히 목사님을 독차지하고 싶은 마음이 있고 "저를 가르쳐주세요"라고 말하고 싶습니다. 그런 거룩하고 열정 있는 분을 만나면 저도 큰 도움을 받기 때문이죠. 하지만 저는 스스로 절제합니다. '하나님나라의 공동체를 위해 바쁘실 텐데…'라고 생각해 함부로 연락하지 않습니다.

점점 많은 사람을 돌보아야 하는 지도자에게 '나까지 부담을 드리면 되겠는가?'라고 생각하며, 그 시간에 많은 사람을 목양할 수 있도록 배려하는 것이 중요합니다. 혼자 감당하기 어려운 지도자의 현실을 볼 수 있는 눈이 필요합니다. 지도자를 존중하면서 때로는 내가 빠져주고, 지도자의 어려움을 헤아리며 도와주는 것이 하나님의 공동체입니다.

모세라는 이름은 '건져냄을 받은 자'라는 뜻입니다. 그는 하나님께 선택받은 위대한 지도자였지만, 완벽한 '슈퍼히어로'(superhero, 일반적인 인간의 능력 범위를 넘는 능력을 이용하여 활약을 펼치는 영웅 캐릭터)는 아니었습니다.

어떤 목사님들은 정말 슈퍼히어로처럼 보이기도 합니다. 부산에 갔다가 대구에 갔다가 울산에 있다가 강화도에 갔다가 안양에 가는 등 정말 바쁘게 사역하시죠.

하지만 그런 활발한 사역 속에서도 교회 내에서 목양에 집중해야 할 영역이 있기 마련입니다. 그런데 한 사람이 모든 것을 다 할 수는 없으니 어떤 부분은 빈틈이 생길 수밖에 없어요. 그런 부분들을 누가 어떻게 채워줄 수 있을까요?

지도자가 완벽한 사람이 아니라고 인정할 때 우리는 서로를 도울 수 있게 됩니다. 지도자도 연약한 인간이며 한계가 있다는 것을 인정할 때 건강한 공동체가 시작된다고 믿습니다.

사도행전 6장에 비슷한 상황이 나옵니다. 초대 교회에서 유대인 과부들과 헬라파 과부들을 돌보는 문제로 사도들이 너무 많은 업무를 감당하기 힘들었습니다. 그래서 일곱 집사를 세워 음식 분배와 봉사를 맡겼더니 그 결과 말씀 전파가 더 원활해지고 교회가 부흥하는 역사가 일어났습니다!

리더 혼자서 모든 것을 할 수 없다는 사실을 인정하고 역할을 분담했을 때 공동체 전체가 살아나는 놀라운 원리를 성경은 우리에게 가르쳐줍니다.

조직과 질서가 공동체를 안정시킨다

건강한 공동체에는 조직이 있어야 하고, 그 안에 질서도 필요합니다. 이드로의 조언을 들은 모세는 천부장, 백부장, 오십부장, 십부장을 세웁니다.

이 단어들을 자세히 살펴볼 필요가 있습니다. '부장'이 히브리어로는 '사르'라는 단어를 사용하는데, 이것은 군대 '지휘관'이나 '고위 관리'를 뜻합니다. 즉, 천부장, 백부장, 오십부장, 십부장은 단순히 숫자를 의미하는 명칭이 아니라 각각 책임 영역을 가진 지휘관들입니다.

그러면 어떤 사람을 지휘관으로 세우라고 했을까요?

> 너는 또 온 백성 가운데서 능력 있는 사람들 곧 하나님을 두려워하며 진실하며 불의한 이익을 미워하는 자를 살펴서 백성 위에 세워 천부장과 백부장과 오십부장과 십부장을 삼아 출 18:21

"능력 있는 사람"이란 세상적인 기준으로 의사, 판사, 검사 같은 전문적인 직업을 가진 사람을 말하는 것이 아닙니다. 하나님이 보시는 '능력 있는 사람'에는 세 가지 특징이 있습니다.

① 하나님을 두려워하는 사람

하나님을 경외하는 사람입니다. 일상에서 하나님이 싫어하시는 일은 하지 않고, 하나님을 존중하는 사람입니다. 자신의 이름과 명예보다 하나님의 이름과 명예를 더 소중히 여기는 사람입니다. 주기도문에서 "주의 이름이 거룩히 여김을 받으시오며"라고 기도하듯이, 하나님의 이름이 훼손되면 진심으로 근심하고 슬퍼하는 사람입니다.

② 진실한 사람

하나님은 진실한 사람을 사랑하십니다. 거짓말하고 속이는 사람이 아니라, 정직하게 살아가는 사람입니다. 우리 사회에는 사기꾼이 너무 많아 안타깝습니다. 선량한 사람들을 속이고 피해를 주는 이들을 볼 때마다 화가 납니다. 하나님의 사람들은 진실해야 합니다.

③ 불의한 이익을 미워하는 사람

돈과 이익을 얻으려고 부정한 방법을 추구하지 않는 사람입니다. 하나님은 사기 쳐서 번 돈보다 우리의 진실함과 하나님을 경외함, 그리고 자발적인 헌신을 기뻐하십니다.

이 특성들을 한마디로 요약하면 '진정성 있는 사람'입니다. 진실하고, 성실하고, 정직한 사람이 바로 하나님이 찾으시는 능력 있는 사람입니다.

우리 교회 공동체에서는 이 원리를 어떻게 적용해야 할까요? 예배와 행정과 양육 안에서 서로 부담을 나누고 함께 짊어져야 합니다. 건강한 질서는 비판이 아닌 헌신으로 세워진다는 점이 중요합니다. '질서'라는 말이 때로는 지나친 권위주의나 획일적인 억압처럼 오해될 수 있습니다. 하지만 성경이 말하는 질서는 헌신과 섬김을 전제로 합니다.

협력과 순종이 공동체를 강화한다

바울은 고린도전서 12장 12-27절에서 몸이 많은 지체로 이루어졌고, 우리는 그리스도의 몸이라고 말합니다. 교회 역시 다양한 생각을 가진 사람들이 모일 때 온전한 공동체를 이룹니다. 이 공동체 안에 질서가 없으면 공동체는 무너집니다. 하나님이 세우신 질서에 대한 존중이 있어야 합니다.

이드로를 보십시오. 조언을 다 해놓고 "네가 만일 이 일을 하고 하나님께서도 네게 허락하시면 네가 이 일을 감당하고 이 모든 백성도 자기 곳으로 평안히 가리라"(23절)라고 합니다. 하나님의 뜻도 그러하신지 한번 기도해 보라는 것입니다. 하나님으로부터 온 것인지 아닌지 확인하는 태도는 중요합니다.

요즘은 "하나님의 감동을 받았다"라는 사람이 너무 많습니다. 유튜브를 보면 같은 사안을 놓고 "하나님의 감동을 받았다"라며 이렇게 말하는 사람이 있고, 반대로 말하는 사람도 있습니다. 누구 말이 진짜일까요? 한쪽은 거짓말을 하고 있겠지요. 무엇이 진짜든 가짜든, 주님의 말씀을 대언할 때는 굉장히 조심해야 합니다.

교회 공동체 안에서도 "목사님, 제가 하나님의 음성을 들었는데 우리 교회는 이렇게 해야 합니다"라고 건의했을 때 목사님이 "아니야"라고 하신다고 "우리 목사님은 하나님의 음성도 못 들어오는 꽉 막힌 사역자야"라고 무시하면 안 됩니다. 하나님은 함께 일하게 하십니다.

오늘날은 한 사람만 특별해서 특별한 계시를 받는 시대가 아닙니다. 성령의 시대에는 공동체에 같은 메시지를 주십니다. 초대 교회에서 일곱 집사를 세울 때도 사도들이 공동으로 기도해서 같은 감동으로 세웠고(행 6:5,6) 사도 바울과 바나바가 파송될 때도 성도들이 함께 금식하며 안수했습니다

(행 13:1-3).

한 사람만 특별한 시대가 절대 아니고, 한 사람만 특별한 곳은 이단과 사이비일 확률이 굉장히 높습니다. 이단과 사이비에 빠지면 안 되기에 항상 함께 기도하고, 하나님이 주신 마음인가를 살펴보는 것이 영적 질서를 지키는 방법입니다.

권위에 대한 도전과 순종

민수기 12장에는 안타까운 이야기가 나옵니다. 미리암과 아론이 모세를 존중하지 못했습니다. 이는 하나님의 권위에 도전한 것이었고, 결국 미리암은 나병에 걸리고 공동체가 잠시 멈추게 되었습니다. 순종과 협력 대신 비판을 하는 것은 공동체를 깨뜨리기 때문에 하나님이 강력하게 경고하신 것입니다.

그렇다고 지도자가 잘못했을 때 그를 신적인 존재로 따라야 한다는 말은 절대 아닙니다. 지도자도 잘못할 수 있습니다. 그때는 그 권위를 인정하면서 존경하는 태도로 말해야 합니다.

> 네 형제가 죄를 범하거든 가서 너와 그 사람과만 상대하여 권고하라 만일 들으면 네가 네 형제를 얻은 것이요 만일 듣지 않거든 한두 사람을 데리고 가서 두세 증인의 입으로 말마다 확증하게 하라 만일 그들의 말도 듣지 않거든 교회에 말하고 교회의 말도 듣지 않거든 이방인과 세리와 같이 여기라 마 18:15-17

마태복음의 원리처럼, 한 사람과 먼저 일대일로 대화하고, 그래도 안 되면 공동체 안의 다른 지도자들과 함께 고민하고, 그래도 안 되면 시찰이나 노회 같은 더 큰 기관의 도움을 구하면 됩니다. 그런 순서를 무시하고 지도자를 끌어내리려 한다면 하나님의 질서를 깨뜨리는 것입니다.

부끄러운 이야기를 하나 나누겠습니다. 저는 캐나다에 있을 때 너무 힘들어서 방언의 은사를 간절히 구했습니다. 사도행전을 공부하면서 사도 바울처럼 성령님의 능력과 권능을 체험하고 싶어서 방언과 통변의 은사를 달라고 간절히 기도했는데 제 기대와 다른 하나님의 감동이 왔습니다.

"너의 담임목사님에게 안수를 받아라."

그런데 제 생각에 그것은 안 될 일이었습니다. 저는 이미 교회를 떠나겠다고 선언한 상태였습니다. 저와 담임목사님은 성격이 너무 달랐고, 심지어 삼겹살을 구워 먹을 때도 의견이 맞지 않았습니다. 하지만 그럼에도 불구하고, 하나님의 감동에 순종하여 수요예배 후 목사님에게 안수기도를 부탁드렸습니다.

예상과 달리 목사님은 "진짜 방언 받고 싶은가 보네. 내가 최선을 다해볼게"라며 기꺼이 안수기도를 해주셨습니다. 자신을 떠나려는 사역자에게도 사랑의 마음으로 기도해주시는 모습은 진정한 목회자의 모습이었습니다.

안타깝게도 그 자리에서는 방언이 나오지 않았는데, 집에 돌아와 무릎을 꿇고 기도할 때 비로소 방언이 시작되었습니다. 그때 깨달았습니다. 하나님은 은사보다도 하나님의 영적 질서에 순종하는 것을 더 원하신 것입니다.

은사보다 중요한 것은 하나님을 경외하는 것입니다. 치유의 능력이 있어 사람들을 만지면 병이 낫고, 환상을 보고, 놀라운 능력들이 나타난다면 정말 대단할 것입니다. 그러나 하나님의 영적 질서에 순종하지 않는다면, 그 은사가 오히려 교회에 시험거리가 될 수 있습니다.

하나님 앞에 중요한 것은 내가 힘이 있어도 예수님의 몸 된 교회를 위해 절제할 수 있는 순종의 능력, 공동체의 이익을 위해 내 자아를 부인하는 능력, 때로는 기다릴 수 있는 인내의 능력입니다. 하나님의 질서에 순종하는 것이 은사보다 중요합니다. 우리가 하나님의 질서에 순종할 때, 크신 하나님은 모든 사람을 다 성장시키고, 모든 것이 합력하여 주님의 이름만을 높이게 하십니다.

공동체를 세우는 방법

어떤 교회 공동체에도 '슈퍼히어로'는 없습니다. 모든 공동체 구성원에게서 "우리 주님이 하셨습니다. 주님만이 위대하십니다"라는 고백이 나올 때 진정한 공동체가 됩니다.

하나님의 권위와 질서에 순종하는 공동체가 되어야 합니다. 미리암과 아론처럼 영적 질서를 부인하는 자가 아니라 순종하는 사람, 이드로처럼 공감하고 경청해주며 하나님께 물을 수 있는 사람, 내가 답을 알더라도 함부로 주지 않고 하나님과의 관계 가운데 찾게끔 도울 수 있는 사람, 지도자를 존중하고 배려하고 사랑해서 함께 성전으로 지어져가는 사람들의 공동체가 되어야 합니다.

교훈을 삶에 적용하기

우리는 어떻게 이 말씀을 우리 삶에 적용할 수 있을까요? 잘 기억합시다.

- 리더십의 한계를 인정합시다. 모든 지도자는 완벽하지 않음을 알고, 그들의 부족함을 이해하고 돕는 마음을 가집시다.

- 조직과 질서를 세우되, 영적 질서 가운데 순종합시다. 하나님이 세우신 질서를 존중하고, 그 안에서 서로를 세워갑시다.
- 미성숙한 나 때문에 또는 나의 자만심 때문에 교회 공동체를 망치지 말고, 절제하고 순종하며 공동체 유익을 위해 눈물로 기도하는 사람이 됩시다.

이것은 교회뿐만 아니라 가정에서도 마찬가지입니다. 부모만 자녀에게 계속 수고하면 얼마나 지치겠습니까? 자녀가 부모의 수고를 알아보고 도와드린다면 부모는 힘이 날 것입니다. 이것이 가정 공동체의 원리입니다. 가정은 섬김받으려는 왕의 자리가 아니라 가족 구성원의 부족함을 서로 채워주는 자리입니다.

직장에서도 우리 청년들은 더 열심히 살아야 합니다. 어느 수련회에서 들었던 한 청년의 간증이 이를 잘 보여줍니다. 이 청년은 지방의 음악 전문 대안학교를 다닐 때부터 공동체를 위한 훈련을 받았습니다. 그는 대안학교 졸업 후 서울 소재 대학에 다니는 동안, 자기 주변을 항상 깨끗하게 청소하고, 자신의 전문 분야가 아닌 방송실 작업도 담당자 부재 시 공동체 리더십에 순종하는 마음으로 배워가며 섬겼습니다.

물론 그 당시에는 '왜 내가 이런 일까지 해야 하지?'라는 의문이 들 때도 많았다고 합니다. 그럼에도, 묵묵히 주님을 섬기는 마음으로 공동체를 섬긴 것이 몸에 배어 대학에서도 똑같이 행동했습니다. 수업을 마친 후 책상 위에 널브러진 음료수병과 커피 컵들을 보고 충격을 받았던 그는 다른 이들이 불편해하거나 부끄러워할까 봐 빈 교실이 될 때까지 혼자 남아 아무도 없을 때 그 공간을 청소했습니다.

우연히 이것을 목격한 교수님이 그 청년에게 "자네라면 무슨 일이든 잘 섬기겠구나"라고 말씀하시며 큰 무대에서 연주할 수 있는 자리를 마련해주었습니다. 어디서든 최선을 다했던 그 청년은 소개에 소개를 받아 유명한 연주회에 많이 참여하게 되었고, 그의 신앙과 됨됨이를 알아본 이들이 계속 자리를 만들어주었다고 합니다.

그 청년은 모든 것이 하나님의 은혜라고 고백하며, 주님 앞에서 최선을 다하고 섬겼더니 주님께서 자신의 지경을 넓혀주셨다고 간증했습니다. 그의 간증처럼, 아무도 보지 않을 때도 정리하고 섬기는 마음으로 일할 때 하나님은 그런 사람을 귀하게 쓰십니다. 계산하지 말고 영적 질서 가운데 순종해야 합니다.

교회 공동체에서도 모든 것을 목회자가 해야 한다는 부담을 덜어주고 함께 살아가야 합니다. 비난하거나 간섭하는 대신, 어떻게 하면 도울 수 있을지 고민해야 합니다. 완벽주의 사역자들도 있습니다. 그런 사람들의 부족함을 함께 채워주고 공감해주며 돕는 공동체가 되어야 합니다.

"나는 비평가로만 서 있지는 않았는가? 지도자의 부족한 부분을 채우는 협력자가 되고 있는가?"

자기 자신에게 물어보고 자기 삶의 현장을 돌아봅시다. 이제 우리 공동체는 성숙해야 합니다. 당신은 어떤 공동체를 꿈꾸고 있나요?

은사를 통한 섬김

각자에게 하나님께서 주신 은사가 있습니다. 이 은사를 어떻게 사용하며 가정과 교회, 직장에서 협력할 수 있을지 함께 고민하고 실천해봅시다.

- 가정에서 부모와 자녀가 서로의 부족함을 채워주는 공동체가 됩시다.
- 교회에서는 목회자와 성도가 함께 그리스도의 몸을 세워가는 지체가

됩시다.
- 직장에서는 리더와 팀원이 서로 존중하며 공동의 목표를 이루어가는 동역자가 됩시다.

함께 드리는 기도
이제 우리의 마음을 모아 이렇게 기도합시다.

"하나님,
제가 리더의 부족한 부분을 채우는 협력자가 되게 하소서.
주님이 허락하신 공동체의 질서를 세워가며,
서로를 세우는 통로가 되게 하소서.
예수 그리스도를 머리로 한 교회 공동체 안에서,
제게 맡기신 은사를 온전히 드리며 순종하게 하소서."

이 진심 어린 기도를 함께 드리며, 우리 모두 '부족한 리더십을 함께 채우는 공동체'를 이루어가는 복된 성도가 되기를 주님의 이름으로 축원합니다.
삶의 모든 영역에서 하나님의 질서에 순종하며 협력하는 삶을 살 때, 그 공동체 안에서 하나님의 놀라운 역사가 일어날 것입니다. 서로의 부족함을 통해 오히려 하나님의 온전하심이 드러나고, 우리의 연약함을 통해 오히려 그리스도의 능력이 완전해지는 은혜를 경험할 것입니다.

> 각각 은사를 받은 대로 하나님의 여러 가지 은혜를 맡은 선한 청지기같이 서로 봉사하라 벧전 4:10

◐ 묵상 및 나눔 질문 ◑

1. 이드로가 모세에게 조언할 때 3가지 자세(경청하는 귀, 공감하는 마음, 하나님 중심의 조언)를 보여주었습니다. 당신은 누군가에게 조언할 때 이러한 자세를 갖추고 있나요? 개선하고 싶은 부분이 있다면 나누어보세요.

2. 교회나 직장, 가정에서 한 사람에게 너무 많은 부담이 집중되는 상황을 경험한 적이 있나요? 그때 당신은 어떻게 반응했나요? 돕는 입장이었나요, 비판하는 입장이었나요?

3. 본문에서 '능력 있는 사람'의 3가지 특징(하나님을 두려워함, 진실함, 불의한 이익을 미워함)을 보았습니다. 현재 당신이 속한 공동체에서 이런 특징을 가진 사람은 누구인가요? 이러한 특징을 갖추기 위해 당신은 어떤 노력을 하고 있나요?

4. 본문에서 은사보다 하나님의 질서에 순종하는 것이 더 중요하다고 강조했습니다. "모든 것을 품위 있게 하고 질서 있게 하라"(고전 14:40)라는 말씀과 연관 지어, 교회 공동체에서 은사와 질서는 어떻게 균형을 맞춰야 할까요?

5. 미리암과 아론이 모세의 리더십에 도전했다가 문제가 발생했습니다(민 12장). 마태복음의 교회훈련 원리(마 18:15 – 17)와 연관 지어, 리더십에 대한 불만이나 문제 제기는 어떤 절차와 태도로 해야 할지 생각해봅시다.

6. 사도행전 6장의 일곱 집사 선출 사건을 통해, 역할 분담이 교회 성장으로 이어진 것을 보았습니다. 에베소서 4장 11 – 16절의 은사와 직분에 대한 가르침을 고려할 때, 현대 교회에서 건강한 조직 구조와 역할 분담은 어떻게 이루어져야 할까요?

7. 당신이 속한 가정, 교회, 직장이 서로의 부족함을 채우는 공동체가 될 수 있도록, 그곳에서 지금 당장 누군가의 부족함을 채워줄 수 있는 구체적인 실천 방안은 무엇인가요?

/ 4부

광야의 정체성: 새로운 부르심

8 당신은 누구인가

보배, 제사장 거룩한 나라

출애굽기 19장 1-6절 ; 베드로전서 2장 9,10절

정체성의 위기와 하나님의 응답

"나는 누구인가?"

"하나님은 왜 나를 부르셨을까?"

신앙생활을 하다 보면 종종 이런 질문들과 마주합니다. 특히 어려움을 겪을 때는 이러한 질문들이 더욱 절실해집니다.

광야는 천국의 사고방식을 배우는 곳이며, 하나님의 말씀이 살아 움직이는 공간입니다. 하나님은 애굽에서도, 가나안에서도 만나주실 수 있는데, 왜 굳이 우리를 광야로 부르실까요? 지금까지 다음과 같은 광야훈련 다섯 과목을 배웠습니다.

- 하나님과의 관계 속에서 기대가 무너졌을 때 십자가 복음으로 돌아가야 함
- 일용할 양식을 주시는 하나님만을 의지해야 함
- 진정한 만족은 성령의 충만함에서 옴
- 공동체 훈련을 통해 이웃 사랑을 실천하기
- 영적 지도자와의 관계에서 서로를 세워가야 함

이제 하나님은 한 걸음 더 나아가 예배 공동체의 정체성을 말씀하십니다. 출애굽기 19장에서 주님의 소유된 백성, 제사장 나라, 거룩한 백성이라는 3가지 정체성을 알려주십니다.

인생의 광야를 걷고 있습니까? '나는 누구인가? 나는 왜 살아야 하는가? 주님이 나를 부르신 것이 맞는가?'라고 고민하고 있습니까? 하나님은 왜 우리의 정체성을 다른 곳이 아닌 광야에서 계시해주셨을까요?

눈물의 의미와 성장

하나님께서 일하시는 방식은 항상 제 예상과 달랐습니다. 저는 제 계획과는 다르게 하나님의 부르심에 순종하여 캐나다로 유학을 가게 되었고, 트리니티 대학에서 언어 연수 과정으로 무려 1년 8개월을 보냈습니다.

저는 공부를 잘한다고 자부했고, 목표를 세우면 반드시 이루는 성취 지향적인 사람이었습니다. 밤을 새워가며 공부하는 것도 마다하지 않았습니다. 그런데 딱 한 가지, 영어만큼은 제 뜻대로 되지 않았습니다.

영어는 성실한 사람이 잘합니다. 단기간의 집중으로 해결되지 않고, 꾸준한 노력이 필요한 분야입니다. 저는 단기 프로젝트에는 강했지만, 장기간 지속되는 일에는 약점이 있었습니다. 이런 제 성향을 아시는 하나님께서 제게 꾸준함의 가치를 가르쳐주시기 위해, 그리고 자기부인의 신앙을 가르쳐주시기 위해 영어라는 도구를 사용하신 것 같습니다.

신앙생활에서 중요한 것은 절제를 통해 일상의 규칙을 세우고, 과도한 욕심을 버리며 최선을 다하는 것입니다. 하나님은 우리가 과부하에 시달리며 쓰러지기를 원하시지 않습니다. 오히려 지속 가능한 신앙생활을 통해 하나님과의 관계를 깊게 하기를 바라십니다.

하나님은 저를 잘 아셨기에, 제 교만을 깨뜨리기 위해 영어라는 취약점을 통해 저를 훈련하셨습니다. 영어도 제대로 못 하는 상태에서 신학을 영어로 공부한다는 것은 상상을 초월하는 고통이었습니다. 보통 4-8개월이면 대학원에 입학할 수 있는데, 저는 1년 8개월 동안 저보다 훨씬 어린 학생들과 기초 영어를 배워야 했습니다.

법학과 토목공학을 전공했던 저는 지식은 풍부했지만, 그것을 영어로 표현할 수 없었습니다. 마치 지능은 성인인데 언어 능력은 유아 수준으로 돌아간 것 같은 좌절감을 느꼈습니다. 자존감은 날이 갈수록 떨어졌습니다.

신학교에서는 하나님의 말씀에 대한 사랑으로 성서신학을 선택했는데 이것은 더 큰 시련의 시작이었습니다. 영어로 헬라어(고대 그리스어)를 배워야 했기 때문입니다. 영어도 어려운데 헬라어까지 공부해야 하는 이중고를 겪었습니다.

시험 때는 문제 자체를 이해하지 못해 교수님께 도움을 청했지만, 그 설명조차도 이해할 수 없었습니다. 히브리어 수업에서는 낯선 문자들이 수학 기호처럼 느껴져 절망스러웠습니다.

목회상담학에서는 영어로 커플 상담을 진행해야 했고, 설교학에서는 영어로 설교해야 했습니다. 특히 토론 시간은 가장 두려웠습니다. "저는 토론이 너무 무서워요. 저 없이 계속하세요"라고 말할 수밖에 없었습니다. 학우들이 친절하게 천천히 말해주는 배려가 오히려 더 큰 상처가 되기도 했습니다. 제 자존심은 바닥까지 떨어졌습니다.

이런 시련을 통해 하나님은 제 교만을 깨뜨려주셨습니다. 채플이나 예배 시간마다 눈물이 흘렀습니다. 주변 사람들은 제가 은혜에 감동해서 우는 줄 알았지만, 사실은 고통과 좌절로 우는 것이었습니다. 화장실에서도, 공부할 때도 눈물을 흘렸습니다.

하나님의 백성으로서 최선을 다하고 싶어도 뜻대로 되지 않는 때가 있습니다. 인생에는 이런 시기가 반드시 찾아옵니다. 그때 마귀는 "너는 누구냐? 네가 뭐 하는 사람이냐?"라고 속삭입니다. 이런 질문에 우리 마음은 흔들립니다.

"나는 누구지? 내가 왜 여기 있지? 하나님은 왜 나를 부르셨지? 혹시 내가 잘못된 길에 있는 건 아닐까?"

이런 질문들에 대한 답을 출애굽기 19장 1-6절에서 찾을 수 있습니다. 이스라엘 백성이 광야를 지나 시내산에 도착했을 때, 하나님은 그들에게 세 가지 중요한 정체성을 알려주셨습니다.

"너희는 내 소유가 될 것이다."

"너희는 제사장 나라가 될 것이다."

"너희는 거룩한 백성이 될 것이다."

이것이 바로 우리가 광야에서 발견하게 되는 진정한 정체성입니다. 고난과 시련 속에서도 하나님은 우리에게 분명한 목적과 사명을 주셨습니다. 우리는 단순히 어려움을 견디는 것이 아닙니다. 그 속에서 하나님께서 계획하신 우리의 진정한 모습을 발견하게 됩니다.

광야에서 정체성을 계시하신 이유

과거의 속박에서 벗어나 새로운 출발을 하기 위해

이스라엘 백성은 노예로서 매일 고통받으며 자존감이 바닥에 떨어져 있었습니다. 하나님은 그들을 죄의 노예 생활에서 건져내 "이제 너희는 내가 선택한 내 백성"이라고 선언하셨습니다.

단순히 죄에서 해방되는 것을 넘어 주님의 자녀라는 새로운 정체성과 사명을 인식할 수 있는 장소가 바로 광야입니다. 이전에는 무가치하게 여겨졌던 우리에게 하나님은 "너는 나의 소중한 존재야"라는 음성을 들려주십니다.

애굽이나 세상에서는 왜 이 음성이 들리지 않을까요? 그것은 우상 때문입니다. 세상 속에서는 하나님보다 돈, 성취, 물질이 더 중요하게 여겨지기 때문입니다. 그런 상태에서는 하나님의 음성이 들리지 않습니다. 벼랑 끝에 서 본 사람만이 진정한 소망이 무엇인지 볼 수 있습니다.

우리는 잘나갈 때는 교만해서 기도하지 않고, 어려움에 처했을 때 비로소 주님께 부르짖습니다. 어려움 속에서 하나님의 부르심을 깨닫고 엎드린다면 다행이지만, 완악한 사람들은 깨져도 끝까지 주님을 찾지 않습니다. 하나님은 그런 사람들을 불쌍히 여기시어 독수리가 새끼를 날개 위에 업어서 옮기듯 인도하십니다.

우리는 우리를 사랑하시는 하나님의 은혜로 구원받았습니다. 우리의 노력도, 힘도, 능력도 아닙니다. 때로 우상을 깨뜨려버리시는 것도 결국 우리를 살리기 위한 하나님의 축복입니다. 주님은 우리를 너무 사랑하시기에, 진정으로 소중한 것이 무엇인지 가르쳐주고 싶으신 것입니다.

하나님과 순수한 언약 관계를 맺기 위해

애굽이나 가나안에는 다양한 우상숭배와 세속적인 문화가 섞여 있어 이런 환경에서는 하나님만을 온전히 바라보기 어렵기 때문에 하나님은 광야로 이스라엘 백성을 인도하셨습니다. 광야에는 오직 하나님과 그분의 백성만 있었기 때문입니다.

저는 제가 왜 한국이 아닌 캐나다에서 신학 공부를 하게 되었을까 자주 생각했습니다. 솔직히 고백하자면, 만약 한국에서 공부했다면 저는 아마도 예전 습관처럼 술도 마시고 담배도 피웠을 것 같습니다. 저는 한때 음주가무를 정말 즐기던 사람이거든요.

예수님을 믿고 거듭났지만, 오랜 습관은 쉽게 바뀌지 않습니다. 그래서 주님께서 저를 '광야'와 같은 캐나다로 인도하신 것 같습니다. 익숙한 환경에서 멀리 떨어져 있으니 이전 생활 방식으로 돌아가기 어려웠습니다.

담배는 결혼과 동시에 끊었습니다. 전도사가 되면서 주변 사람들에게 본이 되고 싶었기 때문이었죠. 상상해보세요. 담배 피우면서 "오늘 설교 말씀 어땠나요?"라고 물으면 어색하지 않을까요? 물론 담배를 피우거나 술을 마신다고 해서 구원받지 못하는 것은 아니지만, 이런 행동은 은혜를 가로막는 걸림돌이 될 수 있습니다.

술은 더 끊기 어려웠습니다. 저는 동생을 잃은 그 고통을 견디지 못해 하루에 소주를 7-8병씩 마셔댄 적이 있습니다. 그런 알코올 중독에 가까웠던 사람이 어떻게 쉽게 술을 끊을 수 있을까요? 캐나다에서도 ESL(어학연수) 과정을 밟을 때 친구들과 맥주를 마신 적이 있습니다.

그런데 하나님의 방법은 정말 놀라웠습니다. 어느 날 저는 교통사고를 당했어요. 제가 타고 있던 차는 앞뒤로 두 번이나 충격을 받았고, 저만 기절해서 병원에 실려 갔습니다. 그 후 8개월 동안이나 구토 증상에 시달려야 했지요.

이 모든 일을 겪으면서 깨달았습니다. 하나님께서 저를 사랑하셔서 광야로 인도하신 것이라고요. 그 고통스러운 시간 덕분에 저는 술을 완전히 끊게 되었습니다. 하나님은 때로 우리의 옛 습관을 끊기 위해 특별한 방법을 사용하시기도 합니다.

광야는 세상의 거짓된 가치관과 사고방식을 깨뜨리는 장소입니다. 광야에서 우리는 "여호와는 나의 목자시니 내게 부족함이 없으리로다"(시 23:1)라는 고백을 배웁니다. 주님만으로 충분함을 진정으로 알게 된 사람은 "내 생사화복의 주권이 하나님께 있으니, 어디에 있든 오직 주님만을 섬기겠습니다"라고 말할 수 있습니다.

광야에서는 오직 하나님과 그분의 백성만 서로를 바라보며 언약을 맺을 수 있습니다. 그래서 출애굽기 19장 이후에 십계명이 나옵니다. 하나님은 우리의 정체성을 알려주신 후에 "너희는 제사장 나라다. 하나님을 섬기고 이웃을 섬겨라"라고 말씀하십니다. 그리고 그 섬김의 기준이 되는 말씀을 주셨습니다.

이것이 바로 광야에서 하나님께서 우리를 예배자로 세워가시는 과정입니다. 그래서 우리 삶에는 때로 광야의 시간이 필요한 것입니다.

시험을 통해 훈련받는 곳이므로

광야는 우리의 정체성을 실제로 체험하고 시험을 통해 단련받는 장소입니다. 주님께서 광야에서 우리에게 정체성을 계시해주신 것은 우리의 정체성은 단순히 말로만 들으면 깊이 이해하기 어렵기 때문입니다.

왜 시험이 필요할까요? 하나님께서 우리의 마음이 진정으로 그분의 명령에 순종하는지를 보시기 위함입니다. 만나를 처음 주셨을 때를 생각해보세요. 하나님은 안식일 전날인 6일째에는 이틀 치 양식을 거두라고 하셨지만 어떤 사람들은 이 말씀에 순종하지 않고 그날 먹을 것만 준비했습니다.

또한 평일에는 "남은 것을 다음 날까지 두지 말고 오늘 먹을 것만 준비하라"라고 명령하셨는데도, 하나님의 풍성한 공급을 신뢰하지 못한 채 불안한 마음으로 더 많이 모아둔 사람들이 있었습니다. 그 결과, 남겨둔 만나는 모두 썩어버렸습니다.

이런 일은 하나님의 백성이 필요 이상을 소유하는 것에 주의해야 한다는 교훈을 가르쳐줍니다. 물론 기본적인 생활과 약간의 여유는 있을 수 있지만, 그 이상의 것은 다른 사람을 섬기는 하나님의 손길이 되라고 주신 것입니다.

부유함 역시 하나님께서 주신 은사입니다. 모든 사람이 부자가 될 수는 없습니다. 진정한 부자는 성실할 뿐 아니라 나눌 줄도 아는 사람입니다. 하나님은 광야를 통해 이러한 삶의 원리를 가르치십니다.

과거 청산과 새 시작의 상징적 장소이므로

광야는 매우 상징적인 장소이기 때문에 하나님께서 이곳에서 우리의 정체성을 계시하셨습니다. 광야는 과거를 깨끗이 청산하고 새로운 시작을 알리는 곳입니다.

"너의 과거가 어땠느냐?"라고 물으시면, 우리는 "고통스러웠습니다. 술에 의존했습니다. 세상의 성공만을 향해 달렸습니다"라고 대답할 수 있을 것입니다. 하지만 지금은 어떨까요?

"지금은 주님과 동행합니다. 비록 척박한 광야이지만, 이곳에서 주님의 말씀이 들리기 시작했고, 불기둥과 구름기둥으로 인도하시는 주님의 손길을 경험하며 살아계신 하나님을 확신하게 되었습니다" 이런 고백이 바로 광야에서 나오는 것입니다.

불기둥과 구름기둥이 어디에 있었나요? 광야였습니다. 매일 기적을 체험했던 곳은 어디였나요? 역시 광야였습니다. 세상 사람들의 눈에는 광야가 어둡고 힘든 곳으로만 보이겠지만, 하나님의 시각에서 보면 광야는 그분의 완전한 보호가 있는 곳이고 오직 주님만 바라볼 수 있는 장소입니다.

이런 훈련을 받은 사람만이 가나안에 들어가 세속적 문화와 맞서 싸워 이길 수 있습니다. 그들은 정직하게 살 수 있으며, 하나님의 방법대로 살아갈 수 있습니다.

세상은 우리에게 "거짓말 좀 하면 어때? 부동산 거래할 때 세금 줄이려고 다운계약서를 쓰면 어때?"라고 속삭입니다. 하지만 하나님의 사람은 정직하게 실제 금액을 써야 합니다. 돈을 좀 더 내야 할지도 모르지만, 그것이 정직한 삶입니다.

당신도 지금 광야에 있을지 모릅니다. 우울할 만큼 힘들고 괴로워서 '내가 인생을 잘못 살았나? 열심히 살았는데 예수님을 믿는데도 왜 내 인생은 이런가?'라고 생각하는지도 모릅니다. 그런 당신에게 이렇게 말씀드리고 싶습니다.

지금부터는 절대로 낙심하지 마세요. 하나님은 당신을 "내 소유된 백성"이라고 부르십니다. 이 말은 원어로 '가장 소중한 보물'이라는 뜻입니다. 새번역 성경에서도 "보물"로 번역되어 있지요. 하나님은 당신을 보물처럼 소중히 여기십니다.

그렇게 보물처럼 여기시는 백성을 하나님께서 버리실까요? 절대 그렇지 않습니다. 비록 지금 목이 타고 죽을 것 같은 광야에 있더라도, 당신의 인생은 분명 주님의 손안에 있습니다.

광야는 잠시입니다. 그러나 그곳에서 배우는 교훈은 영원합니다. 하나님은 광야를 통해 우리의 참된 정체성을 깨닫게 하시고, 그분만 의지하는 법을 가르치십니다. 이것이 광야가 필요한 또 하나의 이유입니다.

마귀의 다섯 가지 유혹

우리가 믿음의 길을 걸으려고 할 때 세상은 절대로 쉽게 보내주지 않고, 우리가 진정한 자신을 잃어버리고 잘못된 길로 가게 하려고 합니다. 하나님은 우리를 보물처럼 소중하게 여기시는데, 이것을 시기하는 마귀는 여러 가지 방법으로 우리를 유혹합니다. 출애굽기를 보면, 이스라엘 백성이 광야로 나가려고 할 때 마귀는 바로를 통해 다섯 가지 타협안을 제시했습니다. 이 이야기를 통해 오늘날 우리가 마주하는 유혹들을 살펴봅시다.

"이 땅에서 신앙생활 해라"

… 너희는 가서 이 땅에서 너희 하나님께 제사를 드리라 출 8:25

첫 번째 유혹은 "굳이 광야까지 나갈 필요 없이 이 땅에서 하나님께 예배 드려라"라는 것이었습니다. 오늘날로 말하면 '교회에 그렇게 열심히 다닐 필요 있어? 주일에 한 번만 가면 되지'라는 생각과 같습니다.

저는 이 유혹을 직접 경험했습니다. 대학 시절, 법학과 토목공학을 공부하며 미래가 창창했을 때 하나님께서 저를 신학교로 부르셨습니다. 주변에서는 "왜 굳이 신학교에 가서 고생해? 여기서 성공하면서 신앙생활 하면 되잖아"라고 말했습니다. 세상은 늘 우리가 편안한 곳, 익숙한 곳에 머물기를 원합니다. 하지만 하나님은 저를 '광야'로 부르셨고, 그곳에서 제 정체성을 발견하게 하셨습니다.

하나님은 우리에게 '광야'로 나오라고 하십니다. 광야는 세상의 가치관이 아닌 하나님의 가치관을 배우는 곳이기 때문입니다. 가끔 예배에 참석하는 것과 하나님을 중심으로 삶을 살아가는 것은 큰 차이가 있습니다.

"너무 멀리 가지 마라"

> … 너희가 너희의 하나님 여호와께 광야에서 제사를 드릴 것이나 너무 멀리 가지는 말라 … 출 8:28

두 번째 유혹은 "너무 멀리 가지 말라"라는 것입니다. "너무 열심히 신앙생활 하지 마, 지나치게 신앙적으로 살지 마"라는 속삭임이지요.

이 유혹은 제가 한국에서 캐나다로 유학을 결정했을 때 분명하게 느낄 수 있었습니다. 많은 분이 "그렇게 먼 곳까지 가서 고생할 필요가 있겠어? 한국에서 편하게 신학 공부를 하면 되지"라고 말했습니다. 영어도 서툴고 낯선 환경에서 고생하는 것보다 한국에서 편하게 신학 공부를 하라는 권유였습니다.

저를 걱정해서 선한 마음으로 해주신 조언이었고, 그들의 말에 일리가 있었습니다. 실제로 저는 한국에서도 얼마든지 신학을 공부할 수 있었고, 더 편안하게 지낼 수 있었을 것입니다.

하지만 하나님은 저를 더 멀리, 더 깊은 곳으로 인도하고 계셨습니다. 때로는 나의 편안함을 포기해야 하나님의 뜻을 더 분명히 볼 수 있습니다. 그런 선한 의도의 말조차도 때로는 하나님의 부르심을 따르는 데 유혹이 될 수 있음을 깨달았습니다.

이런 결정을 내린 후, 제게 "적당히 신앙생활 하면 되지, 그렇게까지 해야 하나?"라고 물으시는 분이 많았습니다. 특히 캐나다에서의 생활이 쉽지 않을 것이라는 걱정의 목소리가 컸습니다. 그럴 때마다 저는 "나는 내 시간과 노력을 무엇에 쓰고 있는가?"라고 저 자신에게 질문했습니다.

우리는 흔히 "시간이 없다"라고 말하지만, 실제로 이 말은 우리가 어디에 우선순위를 두느냐의 문제입니다. 물론 진정성 있는 신앙생활을 하다 보면 때로는 체력적으로 힘들 수 있습니다.

하지만 생각해보세요. 적당히 신앙생활을 한다면, 바쁘다고 하는 바로 그 시간에 우리는 무엇을 하고 있을까요? 스마트폰을 보거나 드라마를 보며 시간을 보내고 있지는 않습니까? 그런 일들도 나름의 의미가 있겠지만, 하나님 말씀 가까이에 있는 것이 우리에게 훨씬 더 유익합니다.

바로 여기에 "너무 멀리 가지 마라"라는 유혹의 교묘함이 있습니다. 편안함이라는 이름으로, 적당함이라는 포장지로 우리를 하나님으로부터 멀어지게 만드는 것입니다.

신앙생활에는 '적당히'라는 말이 어울리지 않습니다. 믿음의 길은 분명해야 합니다. 때로 믿음의 길이 우리를 편안한 자리에서 일어나게 하고, 불편

한 곳까지 인도할 수 있지만 그 길에서 우리는 참된 만족과 기쁨을 발견하고, 하나님의 뜻을 더욱 분명히 깨닫게 됩니다.

"너 혼자만 신앙생활 해라"

… 너희 장정만 가서 여호와를 섬기라 … 출 10:11

세 번째 유혹 "너희 장정만 가서 여호와를 섬겨라"라는 말은 "가족은 두고 너 혼자만 신앙생활 해"라는 뜻이지요. 마귀는 우리의 신앙을 개인적인 것으로 제한하려고 합니다.

저는 이 유혹을 제 결혼생활 초기에 경험했습니다. 신앙의 깊이가 다른 부부로 시작했을 때 아내는 아내대로, 나는 나대로 신앙생활 하자는 생각이 들었습니다. 기도 생활도 각자 하는 식이었지요. 그런데 하나님은 우리 가정 전체를 원하셨습니다.

그래서 매일 저녁 함께 말씀을 읽고 기도하기 시작했고, 가정예배를 드리기 시작했습니다. 처음에는 어색했지만, 점점 우리 가정에 놀라운 변화가 찾아왔습니다. 결국 기도와 인내를 통해 온 가족이 함께 예배드리는 기쁨을 알게 되었습니다. 하나님은 분리가 아닌 연합을 원하십니다.

실제로 신앙의 차이가 있는 결혼은 많은 어려움을 가져옵니다. 믿는 사람과 믿지 않는 사람이 결혼했을 때 결국 신앙을 잃거나 눈물로 살아가는 경우가 많습니다. 선택은 우리의 몫이지만, 그 결과는 평생 이어질 수 있습니다.

"돈과 재물은 건드리지 마라"

> … 너희는 가서 여호와를 섬기되 너희의 양과 소는 머물러 두고 … 출 10:24

네 번째 유혹은 "양과 소는 남겨두고 사람만 가라"라는 것이었습니다. 오늘날로 말하면, 예배는 드리되 헌금이나 헌신까지는 하지 말라는 의미입니다. 마귀는 우리가 재물과 소유를 하나님께 드리지 못하게 막으려고 합니다.

제 삶에서 가장 큰 전환점은 물질에 대한 관점이 바뀌었을 때였습니다. 신학교 시절, 생활비가 부족해 힘들었지만 하나님은 제게 나눔의 기쁨을 가르쳐주셨습니다.

어느 날, 제 주머니에는 5만 원밖에 없는데 어려운 목회자 한 분을 만났습니다. 순간 마음속에서 두 가지 목소리가 들렸습니다. "그 돈은 네가 내일 먹을 돈이야. 주지 마"라는 음성과 다른 한편으로 "네가 가진 것을 나누라"라는 주님의 음성이었지요.

고민 끝에 그 분에게 그 돈을 드렸을 때, 말로 표현할 수 없는 기쁨이 찾아왔습니다. 그때 깨달았습니다. 물질은 나의 주인이 아니라 하나님을 섬기는 도구라는 것을요.

하나님의 은혜를 깊이 체험한 사람은 자연스럽게 삶 전체를 하나님께 드리고 싶어집니다. 주님을 인격적으로 만나면 하나님을 향한 사랑이 커지고, 주변 사람들도 불쌍히 여겨져 자신이 가진 것을 아낌없이 나누고 싶어집니다.

"아예 가지 마라"

마지막 다섯 번째 유혹은 "아예 가지 마라, 그대로 이집트에 머물러라"라는 것이었습니다. 애굽의 군대가 이스라엘을 추격했던 것처럼, 마귀는 우리가 아예 광야로 떠나지 못하게 무력으로 협박합니다(출 14:5-9 참조).

제 경험에서는, 하나님의 부르심에 순종하려고 할 때 가장 큰 방해물은 두려움이었습니다. 신학교에 가기로 결정했을 때, 주변에서는 "신학교 가면 경제적으로 망할 거야", "그 길로 가면 평생 고생할 거야"라고들 했습니다. 애굽 군대가 이스라엘을 위협했던 것처럼, 두려움의 메시지가 저를 둘러쌌습니다.

그때 하나님께서 제 마음에 담대함을 주셔서 "망해도 좋아요! 주님만 계시면 충분합니다!" 이런 고백을 할 수 있었습니다. 이것이 바로 믿음의 승리입니다. 예수님을 진정으로 만나면, 예수님만 계시면 충분하다는 것을 알게 되기 때문입니다.

이처럼 마귀는 다양한 방법으로 우리를 유혹합니다. 하지만 하나님은 우리가 이러한 여러 유혹을 이기고 진정한 자유를 누리기를 원하시기에 우리를 광야로 인도하시는 것입니다.

광야에서의 발견한 나의 정체성

예전에 어떤 분이 제게 《강단목회》라는 책을 선물해 주셨습니다. 책 표지를 넘기자 저자의 사인과 함께 의미심장한 글귀가 있었습니다.

"목적(언약)이 있으면 열정이 생기고

열정(소명)이 생기면 영감을 얻고

영감을 받으면 대열(공동체)을 이룬다."

이 말을 곰곰이 생각해보니, 결국 하나님의 언약이 우리에게 사명을 주고, 그 사명이 성령의 영감으로 이어지며, 영감은 자연스럽게 공동체를 형성한다는 깊은 진리가 담겨 있었습니다.

이 장에서는 출애굽기 19장과 베드로전서 2장을 통해 하나님께서 광야에서 우리에게 주신 세 가지 놀라운 정체성을 살펴보겠습니다.

"너는 내 소유다": 하나님의 보배

출애굽기 19장 5절에서 하나님은 "너희는 내 소유가 되겠고"라고 말씀하십니다. 여기서 "내 소유"라는 말은 히브리어로 '세굴라'인데, 이는 '왕이 특별히 아끼는 보물'이라는 뜻입니다.

왕이 수많은 보물 중에서도 가장 아끼고 소중히 여기는 것이 있는데, 온 세상을 창조하신 하나님께서 우리를 그렇게 특별한 존재로 여기신다는 것입니다.

현대인들은 자신의 가치를 성적이나 외모, 직장에서의 성과로 평가하기 쉽습니다. 하지만 하나님은 우리가 무엇을 성취했느냐가 아니라 우리 존재 자체를 사랑한다고 말씀하십니다. 광야 같은 인생의 어려운 시기에도 하나님은 "너는 내 것이다. 너는 내게 소중하다"라고 말씀하십니다.

베드로전서에서도 같은 진리를 강조합니다. 우리는 "택하신 족속이요 … 그의 소유가 된 백성"(벧전 2:9)입니다. 예수님을 믿는 우리 모두가 하나님의 특별한 보물이라는 것입니다.

"제사장 나라가 되라": 왕 같은 제사장의 사명

제사장이란 쉽게 말해 하나님과 사람 사이의 다리 역할을 하는 사람입니다. 구약시대에는 제사장만이 이 특별한 일을 할 수 있었는데 놀랍게도 하나님은 우리 모두를 '왕 같은 제사장'으로 부르셨습니다.

제사장으로서 우리는 세 가지 중요한 일을 해야 합니다.

① 중보기도 : 믿지 않는 이들을 위해 기도합니다.
② 복음 전파 : 하나님의 사랑을 전합니다.
③ 삶의 모범 : 일상에서 하나님나라의 가치를 실천합니다.

"거룩한 백성이 되라": 구별된 공동체

'거룩'이란 무엇일까요? '거룩'을 가리키는 히브리어 '카도쉬'는 '구별되다'라는 뜻입니다. 하나님은 우리가 세상과 다른 모습으로 구별되어 살아가길 원하십니다.

거룩은 혼자만의 일이 아닙니다. 함께 거룩한 공동체를 이루어야 합니다. 서로를 세워주고, 영적으로 지지하며, 세상과 다른 하나님나라의 가치를 실현해야 합니다.

베드로전서에서는 우리를 "거룩한 나라"라고 부릅니다. 예수님의 피로 값 주고 사신 교회로서, 우리는 말씀과 기도로 자신을 성결케 하고, 성령의 도우심으로 세상 풍조에 휩쓸리지 않도록 깨어 있어야 합니다.

제사장의 사명과 참된 정체성

복음을 전하고 울며 기도하는 자

2005년 여름, 저는 유학 생활 중 큰 어려움을 겪고 있었습니다. 교통사고 후유증으로 매일 아침 헛구역질을 했고, 재정은 바닥났으며, 어려운 학업 과정까지 겹쳐 있었습니다. 그러나 성경을 3독하며 하나님의 임재를 경험한 후 제 삶은 완전히 달라졌습니다.

다니엘의 세 친구가 풀무불 속에서 하나님과 함께한 것처럼, 저도 고통 가운데서 하나님이 함께하심을 깨달았습니다. 그 기쁨이 너무 커서 복음을 전하지 않고는 견딜 수 없었습니다.

임신한 아내에게 남은 50달러로 LA갈비를 준비해달라고 부탁했습니다. 서울의 부유한 유학생들을 집으로 초대해 복음을 전하기 위해서였죠. 아내는 서러움 없이 기꺼이 그들을 섬겼습니다.

식사가 끝날 무렵, 저는 그들에게 예수님을 영접할 것을 권했습니다. 감사하게도 몇몇 친구는 예수님을 영접했지만 어떤 친구들은 "형님, 저는 아직 때가 아닌 것 같아요"라고 했고, 또 어떤 이는 "제 죄가 너무 커서…"라며 망설였습니다. 모임을 마치고 영접하지 않았던 친구들이 돌아간 후, 저는 골방에 들어가 그들의 이름을 하나하나 부르며 눈물로 기도했습니다.

성령님의 탄식함으로 그들을 위해 기도할 때마다 큰 아픔을 느꼈습니다. 이 아픔은 제가 아버지를 잃었을 때보다, 사랑하는 동생을 잃었을 때보다 더 큰 아픔이었습니다. 이 아픔을 느끼며 성령님의 도우심으로 기도할 때 비로소 저는 하나님 아버지의 마음, 잃어버린 영혼을 향한 마음을 조금은 알게 되었습니다.

'아! 우리 아버지는 나의 고통보다 더 큰 고통으로 잃어버린 영혼들을 바라보고 계시구나! 우리 아버지의 눈물을 닦아드리며, 아버지의 마음을 알아 그 마음을 시원하게 하는 사람이 되고 싶다'라는 생각으로, 만나는 모든 이들에게 복음을 전하지 않으면 미칠 것만 같았습니다.

이것이 바로 제사장의 정체성입니다. 제사장은 단순히 예배를 드리는 사람이 아닙니다. 하나님의 마음을 품고, 그 마음을 대신해서 잃어버린 영혼들을 위해 울며 기도하는 자입니다. 제가 광야에서 배운 것은 가정과 교회 공동체를 넘어 잃어버린 영혼들, 다른 민족을 위해서도 기도하며 섬기는 것이 제사장의 참된 역할이라는 것입니다.

이름 없는 사람 같으나 유명하고, 죽은 사람 같으나, 보십시오, 살아 있습니다 … 아무것도 가지지 않은 사람 같으나 모든 것을 가진 사람입니다.

고후 6:9,10 새번역

잃어버린 영혼을 향한 하나님의 마음

캐나다에서 단기 선교 동원가로 활동하던 시절, 처음으로 중국-북한 접경 지역에 갈 때의 일입니다. 팀장을 맡은 저는 그 땅에 대한 지식이나 정보가 부족했기에 하나님께 간절히 기도했습니다.

"주님, 저는 그 땅에 대한 지식도 정보도 알지 못합니다. 객관적인 정보는 공부해서 배울 수 있겠지만, 주님이 왜 이 땅에 저를 보내시는지, 이 땅을 향한 당신의 마음이 무엇인지 정말 궁금합니다."

한 달 전부터 작정기도를 선포하고 매일 새벽기도로 2시간씩 부르짖었습니다. 우리 담임목사님은 "전도사님이 먼저 끝나면 문 잠그고 오세요"라며 교회 열쇠까지 주셨습니다.

약 15일쯤 되었을 때, 갑자기 제 마음이 요동치는 것을 경험했습니다. 이것은 단순한 감정이 아니었습니다. 하나님의 비통한 마음이 제 머리끝부터 발끝까지 전해져 내려오는 것 같았습니다. 그 고통은 아버지의 죽음, 신장 이식 수술 후 장애인으로 지내셨던 어머니의 모습, 음주운전 차량에 치여 죽은 동생의 죽음을 대할 때보다 더 큰 고통이었습니다.

28년 전의 기억이 떠올랐습니다. 그 당시 자식을 잃은 부모들이 화장터에서 보인 모습들…. 특히 눈물만 흘리며 아무 소리도 내지 못하던 어머니들의 눈동자가 생각났습니다. 자식 잃은 어미의 눈빛, 그것은 절망 그 자체였습니다. 소망이 없는 곳이 바로 지옥입니다.

그런 지옥과 같은 절망의 마음이 제게 전해져 왔습니다. 1시간, 2시간, 3시간이 지나도 마음을 주체할 수 없었습니다. 그때 깨달았습니다. 이것이 바로 예수 그리스도의 심장, 하나님의 마음이라는 것을.

제사장 사명의 확장

그로부터 2년 후, 밴쿠버 유스코스타에서 북한을 위한 금식기도 강사로 섬기게 되었습니다. 중고등부 수련회에서 가장 중요한 식사 시간에 금식을 인도해야 하는 부담감이 컸습니다.

"주님, 제가 받았던 이 마음을 어떻게 다음세대에게 전할 수 있겠습니까? 저는 못 합니다. 주님이 역사해주셔야 합니다."

마음과 마음을 전하는 것은 사람의 능력으로는 불가능합니다. 오직 성령님이 역사하실 때만 가능합니다. 그래서 한 달 전부터 매일 2시간씩 기도하고, 3일 금식했습니다. 그런데 기도 중에 이상한 감동이 왔습니다. 북한

보다 북미와 대한민국 땅을 위해 기도하라는 것이었습니다.

'이게 무슨 말인가? 겉으로는 풍족한 이 땅들이 왜 더 기도가 필요하단 말인가?'

신학 수업 중 충격적인 사실을 발견했습니다. 이민 사회와 대한민국에서 거짓과 불법이 만연했고, 성적 윤리가 무너지고 있었습니다. 결혼제도가 흔들리고, 이혼율이 50퍼센트에 달했으며, 더 놀라운 것은 교회 안이나 밖이나 이혼율이 비슷했다는 점입니다.

가장 충격적인 통계는 1994년부터 2000년 사이 북한에서 300만 명이 굶어 죽었지만, 같은 기간 한국에서는 수백만 명의 아이들이 낙태로 죽었다는 사실입니다. 이런 피 흘림과 탄식의 땅이 대한민국이었습니다.

하나님께서 왜 대한민국을 위해 기도하라고 하셨는지 그제야 깨달았습니다. 제사장의 사명은 가정과 교회를 넘어 민족과 열방으로 확장되어야 합니다. 하나님의 마음을 품고 모든 영혼을 위해 중보하는 것, 이것이 바로 왕 같은 제사장의 참된 정체성입니다.

새로운 정체성으로 살아가기

우리는 하나님의 보배로운 소유이며, 왕 같은 제사장이고, 거룩한 백성입니다. 이 정체성은 단순한 지식이 아니라 우리 삶을 변화시키는 힘이 있습니다. 그렇다면 이제 중요한 질문이 남았습니다. 우리는 이 새로운 정체성을 가지고 어떻게 살아가야 할까요? 삶의 영역별로 실천 방안을 생각해보겠습니다.

가정:사랑과 긍정의 언어로 채우기

가정은 우리가 처음으로 하나님의 사랑을 경험하는 작은 광야입니다. 이곳에서부터 정체성의 실천이 시작됩니다.

먼저, 가족에게 서로의 정체성을 자주 상기시켜주어야 합니다. "우리는 하나님의 보배야", "너는 하나님이 특별히 사랑하시는 왕자(공주)야"라는 말을 자주 해주세요. 특히 자녀가 어릴 때부터 이런 긍정적인 정체성을 심어주면, 그들은 세상의 부정적인 평가에 흔들리지 않는 견고한 자아상을 갖게 됩니다.

매일 짧게라도 함께 기도하는 시간을 가지세요. 식사 전 감사기도도 좋고, 잠자리에 들기 전 서로를 위해 중보하는 것도 좋습니다. 이것이 바로 가정에서 실천하는 제사장 역할입니다. 부모가 자녀를 위해, 자녀가 부모를 위해 기도하는 것은 가장 아름다운 가정예배입니다.

직장:하나님의 대사로 일하기

직장은 세상 속에서 하나님을 나타내는 선교지입니다. 많은 그리스도인이 직장에서 자신의 신앙을 숨기려 하지만, 우리의 정체성은 숨길 수 있는 것이 아닙니다.

'나는 하나님께 속한 사람'이라는 믿음으로 일하면 성실함과 탁월함이 자연스럽게 따라옵니다. 상사가 보지 않을 때도 정직하게 일하고, 어려운 동료를 도와주며, 불평 대신 감사하는 모습을 보이세요. 이것이 바로 거룩한 백성으로서의 삶입니다.

때로는 작은 친절이 큰 변화를 일으킵니다. 힘들어하는 동료에게 커피 한 잔을 건네며 "오늘 힘든 일 있어요?"라고 물어보는 것, 이것이 복음의 다리를 놓는 첫걸음입니다. 제사장은 사람들을 하나님께 연결하는 다리 역할을 하는 사람이니까요.

교회:서로를 세우는 공동체

교회는 우리의 정체성을 확인하고 강화하는 영적 가족입니다. 여기서 우리는 서로의 은사를 발견하고 격려해야 합니다. 누군가 봉사하는 모습을 보면 "정말 감사해요. 당신의 섬김이 교회에 큰 힘이 돼요"라고 말해주세요. 찬양하는 분에게는 "당신의 찬양이 제 마음을 하나님께로 이끌어요"라고 격려해주세요. 이런 긍정의 말들이 거룩한 공동체를 더욱 건강하게 만듭니다.

특히 예배와 모임에서 서로를 위해 중보하는 것을 잊지 마세요. 옆 사람의 필요를 묻고, 그들을 위해 기도해주는 것이 바로 왕 같은 제사장으로 살아가는 실천입니다.

지역사회:하나님의 사랑을 흘려보내기

우리의 정체성은 교회 울타리를 넘어 지역사회로 확장되어야 합니다. 이웃의 필요를 살피고, 소외된 이들을 돌보는 것이 거룩한 백성의 사명입니다.

근처 독거노인을 위해 반찬을 만들어 드리거나, 지역 아동센터에서 자원봉사를 하는 것도 좋습니다. 환경을 위해 쓰레기를 줍거나 이웃과 함께하는 작은 모임을 만드는 것도 의미 있습니다. 이런 작은 실천들이 모여 세상과 다른 사랑의 문화를 만들어 갑니다.

은혜 안에 결단하고 함께 가는 여정

이 모든 실천의 근거는 예수님의 십자가와 부활에 있습니다. 우리는 스스로의 노력으로 이런 삶을 살 수 없습니다. 오직 그리스도의 은혜가 우리를 변화시킵니다.

우리가 아직 죄인 되었을 때 예수님이 우리를 위해 죽으심으로(롬 5:8) 우리는 하나님의 소유된 백성이 되었습니다. 그분의 부활로 우리는 새 생명을 얻어 왕 같은 제사장이 되었습니다. 성령님이 우리 안에 거하심으로 우리는 거룩한 공동체를 이루게 되었습니다.

이제 우리에게 필요한 것은 결단입니다. 그러나 이 결단은 두려움이 아닌 감사에서 나와야 합니다.

첫째, "하나님의 시선으로 나를 바라보겠습니다."

세상은 여전히 우리를 성적, 외모, 재산으로 평가할 것입니다. 그러나 우리는 이미 하나님의 보배입니다. 이 사실을 매일 아침 거울을 보며 고백하세요. "나는 하나님의 보배다"라고!

둘째, "제사장의 마음으로 섬기겠습니다."

주변의 아픔을 외면하지 않고, 그들을 위해 기도하고 도울 용기를 가지세요. 작은 친절과 관심이 누군가의 인생을 바꿀 수 있습니다.

셋째, "거룩함으로 세상을 변화시키겠습니다."

세상과 다른 가치관으로 살아가는 것이 쉽지 않을 것입니다. 그러나 우리가 먼저 변하면 세상도 변할 수 있습니다. 정직하고, 성실하며, 사랑이 넘치는 삶을 살아가세요.

이 모든 것이 우리의 힘만으로는 불가능합니다. 그러나 성령님이 도우시고, 교회 공동체가 함께할 때 우리는 해낼 수 있습니다. 때로는 넘어질 수도 있고 실패할 수도 있습니다. 그러나 포기하지 마세요. 하나님은 여전히 우리를 사랑하시고, 다시 일으켜 세우실 것입니다. "나는 누구인가?"라는 질문에 이제 우리는 이렇게 당당히 대답할 수 있습니다.

"나는 하나님의 자녀이며, 왕 같은 제사장이며, 거룩한 공동체의 일원입니다."

이 놀라운 정체성을 가슴에 새기고, 오늘부터 한 걸음씩 새로운 삶을 시작해 보세요. 광야에서 발견한 이 진리가 당신의 삶을 아름답게 변화시킬 것입니다. 당신의 여정에 하나님의 은혜와 평강이 함께하기를 축복합니다.

◑ 묵상 및 나눔 질문 ◑

1. 하나님께서 우리를 "내 소유(세굴라)"라고 하신 말씀은 원어로 '왕의 특별한 보물'이라는 뜻입니다. 성적, 외모, 재산 등 세상의 기준으로 자신을 평가하던 때를 떠올려보세요. '하나님의 보배'라는 정체성은 당신의 자아상에 어떤 변화를 가져다주나요?

2. 본문에서 저자가 유학 시절에 영어라는 장애물을 통해 교만이 깨어지는 경험을 한 것처럼, 당신의 삶에서 하나님께서 광야와 같은 시련을 통해 정체성을 새롭게 하신 경험이 있다면 나누어보세요.

3. 우리는 모두 '왕 같은 제사장'으로 부름받았습니다. 실제 삶에서 하나님과 사람 사이의 다리 역할(중보기도, 복음 전파, 삶의 모범)을 어떻게 실천하고 있나요? 구체적인 예를 들어 나누어보세요.

4. 바로가 이스라엘 백성에게 그러했듯, 마귀는 우리에게 5가지 타협안을 제시합니다. 현대 그리스도인에게 "적당히 신앙생활 하라"라는 유혹은 어떤 모습으로 나타나며, 우리는 어떻게 대응해야 할까요?

5. 하나님이 주신 3가지 정체성(하나님의 소유, 제사장 나라, 거룩한 백성)이 우리의 영적 자존감과 사명에 미치는 영향을 "내가 너를 지명하여 불렀나니 너는 내 것이라"(시 43:4)라는 말씀과 연관 지어 토론해보세요.

6. 저자는 잃어버린 영혼을 위해 기도할 때 하나님 아버지의 마음을 조금이나마 이해하게 되었다고 합니다. 누가복음 15장의 3가지 '잃은 것(양, 동전, 아들)의 비유'와 관련해, 하나님의 마음을 품은 중보기도가 교회 공동체와 사회에 어떤 영향을 미칠 수 있을까요?

7. '거룩'은 구별된다는 뜻입니다. 당신이 속한 가정, 직장, 교회, 지역사회에서 거룩한 백성으로서 세상과 구별된 삶을 살기 위해 어떤 구체적인 실천을 하고 있거나, 하고 싶은가요?

에필로그

광야훈련학교 졸업식,
하나님의 때를 깨닫다

흰 졸업 예복의 예언

2012년 목사안수를 받기 몇 달 전, 잊을 수 없는 꿈을 꾸었습니다. 하얀 졸업 예복을 입고 기뻐하며 우는 꿈이었습니다. 그 꿈과 함께 아내에게는 신명기 8장의 말씀이 임했습니다.

> 하나님 여호와께서 이 사십 년 동안에 너를 광야에서 인도하신 모든 길을 기억하라 이는 너를 낮추시며 너를 시험하사 네 마음이 어떠한지 네가 그 명령을 지키는지 알려 하심이라 _신 8:2_

그 순간 우리는 2004년부터 이어져 온 긴 광야의 여정이 곧 끝나고, 하나님께서 우리를 졸업시키실 때가 다가왔음을 확신했습니다.

8년간의 광야훈련학교 과정

2004년 여름, 캐나다행 비행기에 올랐을 때부터 2012년 4월 15일 목사안수를 받기까지, 정확히 8년의 세월이 흘렀습니다. 하나님은 이 기간 동안 저희 부부를 광야훈련학교에 등록시키셨습니다.

트리니티 신학대학원에서의 5년 8개월은 그 과정의 핵심이었습니다. 영어로 헬라어를 배우고, 히브리어로 요나서를 공부하며, 영어 설교와 상담 자격증까지 취득해야 했던 그 모든 순간이 하나님의 세밀한 커리큘럼이었음을 이제야 깨닫습니다.

영어를 못하는 저를 영어권 신학교로, 내성적인 저를 상담 사역으로, 말주변 없는 저를 설교자로 부르신 그 역설적 방법들이 모두 왕 같은 제사장으로서의 정체성을 온전히 깨닫고 살아내도록 하시는 하나님의 특별한 훈련이었습니다.

광야에서 배운 생존전략

홍해 앞에 선 이스라엘 백성처럼, 저도 수없이 막다른 길에 섰습니다. 그때마다 하나님은 간단하지만 강력한 생존전략 네 가지를 가르쳐주셨습니다(1장 참조).

첫째, 믿음으로 자리를 지키라

영어 설교 발표를 앞두고 떨렸지만, 도망치지 않고 그 자리에 서 있었습니다.

둘째, 믿음으로 주님을 바라보라

문제의 크기에 눌려있을 때, 시선을 하나님께 돌렸습니다.

셋째, 믿음으로 침묵하라

불평과 원망을 하는 대신, 새벽마다 울며 기도했습니다.

넷째, 승리할 때 하나님께 영광을 돌리라

작은 기적들이 일어날 때마다, 그것이 제 실력이 아님을 고백했습니다.

이 네 법칙은 8년간의 광야 여정에서 생존하게 해준 생명줄이었습니다.

천국 사고방식의 다섯 과목

광야훈련학교에서 하나님은 저에게 다섯 가지 필수 과목을 가르치셨습니다. 신명기 8장에서 말씀하신 것처럼, 이는 우리 마음이 어떠한지, 주님의 명령을 지킬 수 있는지를 시험하며 훈련하시는 과정이었습니다.

1교시 복음으로 돌아가기(3장)
실패할 때마다 다시 십자가 앞으로 돌아가는 법을 배웠습니다.

2교시 일용할 양식 의지하기(4장)
내일 걱정 없이 오늘 주신 은혜로 살아가는 법을 익혔습니다.

3교시 성령님으로 만족하기(5장)
메마른 광야에서도 생수의 강이 흐르는 비결을 발견했습니다.

4교시 공동체로 사랑하기(6장)
혼자가 아니라 함께 걸어야 진짜 길이 됨을 깨달았습니다.

5교시 겸손하게 세워주기(7장)
지도자와 성도가 서로를 받쳐주는 아름다운 관계를 배웠습니다.

이 다섯 과목은 제 안에 영적 근육이 되어, 이후 모든 사역의 기초가 되었습니다.

졸업식

2012년 4월 15일, 드디어 목사안수를 받았습니다. 꿈에서 본 하얀 졸업 예복이 현실이 되는 순간이었습니다. 하지만 이것은 끝이 아니라 새로운 시작이었습니다.

베드로전서 2장 9절이 선포하듯이, 예수님을 믿는 모든 성도는 이미 "택하신 족속이요 왕 같은 제사장"입니다. 광야훈련학교는 우리를 제사장으로 만드는 곳이 아니라, 이미 제사장이 된 우리가 그 정체성을 온전히 깨닫고 구체적인 사역에서 살아내는 법을 배우는 훈련장입니다.

목사안수는 광야훈련학교를 통과한 증명서가 아니라, 하나님께서 정하신 때에 특별한 사역으로 부르시는 소명의 공적 확인이었습니다.

신명기 8장의 깨달음

아내에게 주신 신명기 8장 말씀을 통해 우리는 깨달았습니다. 광야의 모든 과정에는 하나님의 세 가지 목적이 있었습니다(2장).

첫째, 낮추심을 통한 겸손 훈련

자신의 능력과 지혜를 의지하던 교만을 꺾고 오직 하나님만 의지하게 하셨습니다.

둘째, 시험을 통한 신앙 점검

우리 마음 깊은 곳까지 드러내시어, 진정한 믿음과 순종이 무엇인지 배우게 하셨습니다.

셋째, 기억을 통한 감사 훈련

광야의 모든 과정을 기억하여 하나님의 신실하심과 사랑을 평생 잊지 않게 하셨습니다.

같은 여정을 걷는 동역자들을 섬기기

이제 저는 아직 광야를 걷고 있는 형제자매들을 만납니다. 홍해 앞에서 절망하는 이들, 만나를 모아도 불안해하는 이들, 바위에서 솟는 생수를 놓치고 있는 이들이 있습니다.

하지만 저는 먼저 졸업한 선배가 아니라 같은 은혜를 받은 동역자입니다. 다만 하나님의 때에 먼저 깨달음을 허락받은 자로서, 아직 광야를 걷는 이들에게 희망과 격려를 나누고 싶을 뿐입니다.

그들에게 이 네 가지 법칙을 나누고 싶습니다(1장 참조).

"자리를 지키고, 주님을 바라보고, 침묵하며, 승리의 날 하나님께 영광 돌려라."

그들에게 다섯 과목을 함께 나누고 싶습니다(3-7장 참조).

"복음으로 돌아가고, 일용할 양식을 믿고, 성령으로 만족하고, 공동체로 사랑하고, 겸손하게 세워주어라."

하나님의 때를 기다리며

> 내가 또 주의 목소리를 들으니 주께서 이르시되 내가 누구를 보내며 누가 우리를 위하여 갈꼬 하시니 그때에 내가 이르되 내가 여기 있나이다 나를 보내소서 하였더니 사 6:8

이제 이사야 선지자와 같이 "내가 여기 있나이다. 나를 보내소서"라는 고백을 품고 각자 자신에게 주신 사역지를 향해 떠날 때입니다. 출애굽의 이야기가 홍해에서 끝나지 않았듯이, 우리의 이야기도 광야에서 멈추지 않습니다.

여호와께서 당신을 위하여 싸우시니, 당신은 믿음으로 서서 그분의 영광을 노래하십시오. 그리고 하나님의 때를 기다리며 광야를 걷는 형제자매들을 위해 이정표를 남겨주십시오. 이것이 광야에서 건져 올린 가장 소중한 깨달음이며, 왕 같은 제사장으로 부름받은 우리 모두에게 맡겨진 아름다운 사명입니다.

실전 매뉴얼 〈실천 워크북〉으로

이 책의 마지막에 수록된 〈실천 워크북〉은 여러분의 광야 여정을 돕는 실전 가이드입니다. 매주마다 동역자와 나누며, 두 달 후 다시 돌아와 하나님의 발자취를 확인해보기 바랍니다.

신명기 8장의 말씀처럼, 광야의 모든 길을 기억하며 하나님의 신실하심을 발견하게 될 것입니다. 광야는 더 이상 두려움의 땅이 아니라 하나님의 때에 맞춰 우리를 빚어가시는 은혜의 훈련장임을 확신하게 될 것입니다.

축복의 파송

> 네 하나님 여호와께서 이 사십 년 동안에 네게 광야 길을 걷게 하신 것을 기억하라 … 신 8:2

이 말씀이 당신의 광야 여정에 울려 퍼지기를 축복합니다. 하나님의 때에 주실 졸업의 기쁨을 소망하며 오늘을 살아가십시오. 그날이 오면 당신도 하얀 졸업 예복을 입고 기뻐 우는 꿈의 주인공이 될 것입니다.

광야의 끝에서 하나님의 때를 기다리며
새로운 출발선에서

광야에서 천국의 사고방식을 배우는
실천 워크북

* 광야의 시간이 당신을 하나님의 특별한 사람으로 빚어갈 것입니다.
  이 워크북이 당신의 광야 여정에 충실한 동반자가 되기를 기도합니다.

이 워크북은 광야 여정에서 천국의 사고방식을
배우고 실천하는 당신의 동반자입니다.
장마다 제시된 5단계 실천 과정을 따라가며
광야의 지혜를 일상에 적용해보십시오.

📓 워크북 사용법

정기적 기록 매일 아침과 저녁 시간을 정해 기록하세요. 이 워크북은 한 주에 한 장씩 꾸준히 작성하도록 구성되어 있습니다. 특히 마지막 8장의 5단계(프로젝트 실행)는 3개월 동안 진행하는 장기 실천 과제이므로, 지속적인 기록 습관이 매우 중요합니다.

구체적 계획 날짜, 시간, 장소, 사람 이름 등을 구체적으로 적으세요.

공동체 나눔 신뢰하는 동역자와 정기적으로 나누고 피드백을 받으세요.

주기적 점검 주간/월간 단위로 진행 상황을 점검하고 수정하세요.

개인 노트 활용법 정기적인 기록을 위해 개인 노트를 따로 준비하시길 권합니다.
노트에는 다음 내용들을 함께 정리해보세요.

- 매일의 말씀 묵상
- 감사 일기
- 워크북 각 단계별 실천 내용
- 부록의 체크리스트 항목들

01 광야로의 부르심

광야의 지혜 홍해 앞에서 배우는 믿음의 법칙

- ☑ 위기는 관람객을 예배자로 변화시키는 하나님의 훈련장이다.
- ☑ 믿음의 자리를 지키고 주님만 바라볼 때 불가능은 가능이 된다.
- ☑ 침묵의 기도와 감사의 고백이 홍해를 가르는 능력의 통로가 된다.

말씀 깊이 묵상하기

핵심 구절

가만히 서서 여호와께서 오늘 너희를 위해 행하시는 구원을 보라 **출** 14:13

관찰과 해석

"가만히 서서"(야차브) : 수동적 체념이 아닌 적극적 예배의 자세

"여호와께서" : 문제 해결의 주체가 하나님이심을 선언

"오늘" : 지체하지 않는 하나님의 즉각적 개입

1단계 현재 내가 마주한 홍해는?

무엇이 앞길을 막고 있습니까?
_____
_____

뒤돌아보면 어떤 '추격'이 있습니까?
_____
_____

핵심 가이드

앞을 막는 '홍해'는 구체적인 문제, 뒤에서 쫓아오는 '추격'은 두려움이나 과거의 습관을 의미합니다. 솔직하게 적을수록 해결책이 명확해집니다.

실전 적용 예시

청소년
- 기말 시험 범위가 너무 넓다(홍해).
- '또 꼴찌 하면 어쩌지?'라는 불안이 따라온다(추격).

대학생
- 졸업 논문 자료가 부족하다(홍해).
- '졸업 못 하면 취업도 늦는다'라는 조급함이 추격한다.

직장인

- 다음 분기 매출 목표가 비현실적이다(홍해).
- 과거 실적 부진이 떠오르며 '이번에도 못 하면?'이라는 공포가 추격한다.

교회 리더

- 팀 헌신도가 낮다(홍해).
- '사람이 모자라면 사역이 멈출 것'이라는 압박이 추격한다.

작성 요령

문장을 '한 줄'로 끊어 적으세요. 애매하게 "요즘 여러모로 힘들다"라고 쓰면 기도도 흐려집니다. 문제를 정확히 파악하고 이름을 붙이면 해결책을 찾을 길이 보입니다.

2단계 회피 유혹 점검하기

회피 유형(나의 상태)	구체적 증상
☐ 상황 탓	
☐ 시간 끌기	
☐ 돈 핑계	
☐ '내가' 해결	
☐ 방어적 태도	
☐ 허무주의	

핵심 가이드

회피 유형을 체크하고 증상을 구체적으로 적어보세요. 인식이 변화의 시작입니다. '내가 해결'은 하나님보다 자기 힘을 믿는 태도입니다.

실전 적용 예시

*〈표 예시〉(청소년 사례)

회피 유형(나의 상태)	구체적 증상
☐ 상황 탓	
☑ 시간 끌기	공부 시작 전 유튜브 '딱 5분' 보다가 한 시간 지나감
☐ 돈 핑계	
☐ '내가' 해결	
☐ 방어적 태도	
☐ 허무주의	

청소년

"시간 끌기-공부 시작 전 유튜브 '딱 5분' 보다가 한 시간 지나감."

대학생

"상황 탓-지도교수가 바빠서 피드백을 못 받았다며 자료조사 미룸."

직장인

"내가 해결-새 프로젝트를 혼자 끌어안고 '팀원은 못 믿어'라며 도움 요청을 안 함."

교회 리더

"허무주의-'변해봐야 소용없다'며 계획을 세우지 않고 예배만 늘림."

작성 요령

"이건 내 문제다"라고 깨달아야 변화가 시작됩니다. 회피 행동을 한 줄 일기로 적어보면 '미끄러지는 지점'이 선명해집니다.

3단계 예배 자리 지키기 실천표

예배의 요소	구체적 실천	체크
시간	오전 · 오후 (　)시 (　)분 (오전과 오후 중 선택)	☐
장소		☐
방식		☐
동행자		☐

핵심 가이드

예배 시간은 고정하고, 장소는 방해받지 않는 곳으로, 방식은 찬양-기도-말씀 순서로, 가능하면 동행자와 함께하세요.

실전 적용 예시

* 〈표 예시〉 (청소년 사례)

예배의 요소	구체적 실천	체크
시간	오전 6시 40분	☐
장소	책상 앞	☐

방식	이어폰 끼고 찬양 1곡 짧은 감사기도 오늘의 말씀	☐

청소년

아침 6시 40분, 책상 앞. 이어폰 끼고 찬양 1곡, 짧은 감사기도, 오늘의 말씀 5절 묵상.

대학생

점심 직후 도서관 구석. 배경 음악 끄고, '감사 3줄' 기록 후 시편 묵상.

직장인

출근길 지하철. 가사를 눈으로 따라 읽는 무음 찬양, 마음 기도, 성경 앱 '오늘의 본문' 읽기.

교회 리더

새벽 5시 교회 사무실. 팀원 1명과 함께 찬양·중보·본문 통독 후 서로 적용점 나눔.

> 작성 요령

"피곤하니 내일 두 배로 하자"는 대부분 실패합니다. 많이 하는 것보다 매일 조금씩 하는 것이 진짜 습관을 만듭니다.

 믿음의 선언문 작성

"나는 _____ 의 문제를 하나님께 맡기고

매일 _____ 에 집중하기로 결단합니다."

핵심 가이드

"나는 〈문제〉를 하나님께 맡기고 오늘 〈대안 행동〉에 집중합니다."

실전 적용 예시

청소년
"나는 수학 점수를 하나님께 맡기고 오늘 '유형 문제 10개 풀기'에 집중합니다."

대학생
"나는 졸업 논문의 압박을 주께 맡기고 오늘 '자료실에서 논문 두 편 읽기'에 집중합니다."

직장인
"나는 매출 압박을 하나님께 맡기고 오늘 '잠재 고객 3곳 미팅 잡기'에 집중합니다."

교회 리더
"나는 팀 헌신도 걱정을 주께 맡기고 오늘 '핵심 멤버 격려 메시지 보내기'에 집중합니다."

작성 요령

실제로 소리 내어 세 번 읽으세요. 말씀을 소리로 고백할 때 하나님께서 우리 마음에 확신을 심어주십니다. 성경 말씀을 휴대폰 화면이나 자주 보는 곳에 적어두면 그 약속을 계속 묵상하게 됩니다.

5단계 이번 주 실천 계획 체크리스트

☐ 월	☐ 화	☐ 수	☐ 목	☐ 금	☐ 토	☐ 일

함께 나눌 사람: _____

점검 날짜: _____ 월 _____ 일

기대 효과: _____

핵심 가이드

구체적인 행동을 각 요일 칸에 적고(예: '5시 기상', '10분 기도'), 매일 저녁 체크하세요. 나눔 파트너와 주간 점검은 꼭 실천하세요.

실전 적용 예시

청소년

월-"등교 전 감사 3가지 기록" / 화-"친구 한 명 칭찬", / … / 일-"주일 예배 후 느낀 점 메모"

대학생

월-"강의 시작 10분 전 도착" / 화-"전공 서적 30쪽 읽기" / … / 토-"교회 청년부 봉사"

직장인

월-"출근 전 5분 기도" / 화-"동료와 점심 대화로 관계 다지기" / ⋯ / 금-"하루 마감 전 감사 메일"

교회 리더

월-"셀 멤버 중보 5분" / 화-"예배 기획 회의 준비" / ⋯ / 주일 저녁-"사역 피드백 정리"

작성 요령

체크박스를 채우며 느끼는 '작은 승리'가 다음 날 행동의 연료가 됩니다. 완수하지 못한 칸은 이유를 간단히 써 두세요. 한 주가 지나면 패턴이 보입니다. 파트너가 "이번 주 가장 기뻤던 순간은?" 같은 세 가지 질문만 던져도 지속률이 두 배로 뛰어오릅니다.

02 왜 광야인가

광야의 지혜 하루치 은혜로 사는 훈련

- ☑ 광야는 교만의 '거품'을 걷어 내고 말씀만 의지하게 하는 하나님의 특별 학교다.
- ☑ 만나처럼 '하루치 은혜'로 사는 법과 "사람이 떡으로만 살지 않는다"라는 진리를 배운다.
- ☑ 결국 광야는 복을 주려는 하나님의 선한 계획임을 확증한다.

말씀 깊이 묵상하기

핵심 구절

사람이 떡으로만 사는 것이 아니요 여호와의 입에서 나오는 모든 말씀으로 사는 줄을 네가 알게 하려 하심이라 신 8:3

관찰과 해석

"낮추시며": 자아 의존을 깨뜨리는 하나님의 교육

"주리게 하시며": 결핍을 통해 말씀 의존을 배우게 함

"복을 주려": 훈련의 끝은 징벌이 아닌 번성

나의 광야 노트

내 인생의 우회로(지연) 경로는?

[지금 경험하는 지연과 우회로]

영역	상황	기간	느낌
신앙			
관계			
재정			
사역			

핵심 가이드

우회로는 단순한 지연이 아닌 하나님의 선한 계획일 수 있습니다. 상황을 구체적으로, 기간은 정확하게, 느낌은 솔직하게 기록하세요. 이 기록이 훗날 하나님의 인도하심을 보여주는 증거가 될 것입니다.

실전 적용 예시

* 〈표 예시〉 (청소년 사례)

영역	상황	기간	느낌
신앙	수련회가 예산 부족으로 취소되어 세례 준비반이 연기됨	4주	아쉬움, 혼란

청소년 – 신앙

"수련회가 예산 부족으로 취소되어 세례 준비반이 연기됐다(4주) / 느낀 감

정:아쉬움, 혼란"

대학생 – 관계

"팀 프로젝트 파트너 둘이 휴학을 결정하며 팀이 해체됐다(6주) / 느낀 감정:당혹, 불안"

직장인 – 재정

"회사 구조조정으로 연봉 인상 협상이 무기한 보류됐다(3개월) / 느낀 감정:실망, 압박"

교회 리더 – 사역

"지역 연합집회가 인허가 문제로 두 차례 연기됐다(5개월) / 느낀 감정:낙심, 책임감"

작성 요령

사실(우회로) → 기간 → 감정 순으로 딱 끊어 쓰면, 훗날 하나님의 인도하심을 추적할 '증거 노트'가 됩니다. 감정을 딱 두 단어로만 표현하면 두루뭉술하게 말하는 것을 막을 수 있습니다.

2단계 필요(정당한 갈망) vs 욕심 점검

영역	필요(정당한 갈망)	과도한 욕심	교정 포인트
신앙			
관계			
재정			
사역			

핵심 가이드

갈망은 '있으면 좋지만 없어도 감사'할 수 있는 것, 욕심은 '반드시 있어야 한다'라고 집착하는 것입니다.

핵심 질문: "이것이 없어도 하나님을 신뢰할 수 있는가?"

실전 적용 예시

* 〈표 예시〉 (청소년 사례)

영역	필요(정당한 갈망)	과도한 욕심	교정 포인트
신앙	세례식을 통해 믿음을 공개 고백하고 싶다	수련회와 세례가 동시에 이루어지지 않으면 하나님이 날 덜 사랑하시는 거야	세례 준비 교재를 집에서 매주 1과씩 진행하며, 예배마다 '주님의 사랑은 여전히 충분하다'라고 소리 내어 감사하기

청소년 – 신앙

- 갈망: "세례식을 통해 믿음을 공개 고백하고 싶다."
- 욕심: "수련회와 세례가 동시에 이루어지지 않으면 하나님이 날 덜 사랑하시는 거야!"
- 교정 포인트: "세례 준비 교재를 집에서 매주 1과씩 진행하며, 예배마다 '주님의 사랑은 여전히 충분하다'라고 소리 내어 감사하기."

대학생 – 관계

- 갈망: "새 팀원과 건강하게 소통하여 프로젝트를 완수하고 싶다."
- 욕심: "내가 제시한 커리큘럼을 그대로 따라주지 않으면 협업 불가!"
- 교정 포인트: 첫 만남에서 서로 기대와 역할을 명시적으로 합의한 뒤, 결과와 상관없이 매 미팅 후 상대 의견에 3줄 감사 메시지 보내기

직장인 – 재정

- 갈망 : "소득이 적어도 지출을 점검해 가계 흐름을 건강하게 유지하고 싶다."
- 욕심 : "올해 안에 연봉이 오르지 않으면 삶의 질이 완전히 무너질 거야!"
- 교정 포인트 : "매주 금요일 점심시간 30분 가계부 정리하고, 부족분은 감사 제목 3개로 전환해 기도 노트에 기록하기."

교회 리더 – 사역

- 갈망 : "연합집회를 통해 지역 교회가 하나 되어 복음을 전하고 싶다."
- 욕심 : "모든 교회가 내 제안서대로 움직여야만 진정한 부흥이 일어난다!"
- 교정 포인트 : 집회 준비가 지연되는 동안 월 1회 모이는 기도 모임을 시작하고, 참여 여부와 무관하게 각 교회를 축복하는 중보 리스트를 작성해 매주 기도하기

작성 요령

"이것이 없어도 나는 하나님을 신뢰할 수 있는가?" 이 질문을 자기 자신에게 던져보세요. '예'라면 갈망, '아니요'라면 욕심입니다. 욕심이 생기면 바로 감사한 것을 떠올리고 구체적인 행동을 정하면 마음이 차분해집니다.

3단계 '하루치 은혜' 루틴 설계

[새벽 만나 시간]

- 시작 : 오전 _____ 시
- 장소 : _____
- 방법 : _____
- 기록 : 광야노트 / 모바일 / 수첩 등

[안식 준비]

- 요일 : 매주 _____ 요일
- 시작 : _____ 시부터
- 활동 : _____

핵심 가이드

새벽 만나는 일정한 시간과 조용한 장소를 정해 습관화하고, 방법은 구체적으로(예: '3장씩 통독 후 기도'), 기록 도구는 꾸준히 사용할 수 있는 것으로 선택하세요.

안식 준비는 주일을 '텅 빈 그릇'으로 만들기 위해 토요일 저녁부터 불필요한 알림·약속을 비워 놓는 것입니다. 안식은 주일 전날 미리 준비하세요.

실전 적용 예시

청소년 – 신앙

- 시작 : 평일 오전 6시 30분, 알람을 "새벽 만나"로 이름 붙임

- 장소 : 공부 책상이 아니라 창문 옆 작은 의자
- 방법 : 찬양 한 곡을 속삭이며 듣기→세례 교재 1과 요약 기도→오늘 읽을 잠언 5절 필사
- 안식 준비 : 토요일 밤 9시 이후 / 휴대폰 '방해 금지'를 켜고, 주일예배에 입을 옷과 성경 미리 준비

대학생 – 관계
- 시작 : 오전 7시
- 장소 : 기숙사 공용 라운지
- 방법 : 이어폰으로 잔잔한 찬송 3분→팀 프로젝트 팀원 이름을 외며 감사·중보→요한복음 10절 스마트폰으로 필사
- 안식 준비 : 토요일 저녁 팀 과제 채팅 알림을 '24시간 묵음'으로 전환하고, 주일 오후에만 확인

직장인 – 재정
- 시간 : 출근 전 카페 도착 즉시 15분
- 방법 : 무음으로 찬양 가사 눈으로 읽기→가계부 앱을 열어 전날 지출 감사기도→시편 1편 오디오 낭독 청취
- 안식 준비 : 금요일 퇴근 직후 생활비 예산을 확정하고, 토·주일에는 '충동구매 차단' 알림 켜기

교회 리더 – 사역
- 시작 : 새벽 5시
- 장소 : 교회 사무실
- 방법 : 통성 찬양 1곡→연합집회 참가 교회 이름별 축복기도→오늘 읽을 출애굽기 1장 통독

- 안식 준비: 토요일 오후 6시부터 사역 관련 이메일 답장을 멈추고, 일요일 이른 새벽까지 영적·육적 휴식에 집중

> 작성 요령

루틴을 시작할 때는 '완벽한 계획'보다 '지킬 수 있는 최소한'을 선택하세요. 하루 10분을 꾸준히 지키는 것이 한 시간을 가끔 하는 것보다 더 강력한 영적 습관이 됩니다.

4단계 감사 선언문

"광야의 결핍을 통해 주님이 _____ 을(를) 가르치심을 감사합니다. 이 기간이 _____ 의 성숙으로 이어질 것을 믿습니다."

> 핵심 가이드

첫 칸에는 배우고 있는 교훈을, 둘째 칸에는 기대하는 성장을 적으세요. 결핍도 성장의 도구임을 기억하세요.

> 선언문 공식

"나는 〈결핍/지연 상황〉 속에서도 하나님이 〈예비하신 성장 열매〉를 주실 것을 믿고 미리 감사합니다."

실전 적용 예시

청소년 – 신앙
"세례식이 한 달 미뤄졌어도 하나님께서 그 사이에 말씀 기초를 더 단단히 다질 시간을 주심을 감사합니다!"

대학생 – 관계
"팀이 해체되었다고 해도 하나님이 새로운 협력자를 준비하심을 믿고, 첫 만남의 어색함조차 감사로 받습니다!"

직장인 – 재정
"나는 연봉 협상이 멈춰도 하나님이 씀씀이 점검·절제라는 더 큰 부를 예비하심을 믿고 감사드립니다!"

교회 리더 – 사역
"나는 연합집회가 지연될 때마다 하나님이 교회 간 깊은 기도 연대를 엮어 가심을 믿고 미리 감사드립니다!"

작성 요령

선포는 소리 내어 최소 세 번 읽으세요. 스마트폰 잠금화면이나 업무용 모니터 하단 포스트잇에 선언문을 붙여 수시로 리마인드하세요.

5단계 이번 주 실천 계획

실천 항목	월	화	수	목	금	토	일
말씀 묵상	☐	☐	☐	☐	☐	☐	☐
감사 일기	☐	☐	☐	☐	☐	☐	☐
절제 훈련	☐	☐	☐	☐	☐	☐	☐

함께 나눌 사람 : _____

점검 일정 : 매주 ___ 요일 ___ 시

핵심 가이드

체크박스를 활용해 매일 완료를 표시하세요. 말씀 묵상은 한 장씩, 감사 일기는 3가지씩, 절제 훈련은 구체적 항목(SNS 사용 제한 등)을 정하세요.

설계 원칙

- 작은 행동을 요일·시간까지 구체화한다
- 주간 마지막 날 점검 파트너에게 진행 상황을 3문장으로 보고한다
- 대화는 항상 '승리→놓침→수정' 세 포인트로 끊어준다

실전 적용 예시

청소년 – 신앙

- 월·수·금: 새벽 만나 루틴 수행 후 세례 교재 요약을 부모님에게 한 문장으로 메시지 발송

- 주일 저녁 : 교역자에게 "이번 주 세례 준비 진도, 은혜, 질문" 3줄 보고

대학생 – 관계
- 화·목 : 새 팀원에게 감사·격려 한 문장 DM
- 토 오전 : 팀 구글 문서에 '이번 주 진행 요약' 올리고, 주일 밤 파트너에게 "강점·어려움·다음 조정" 보고

직장인 – 재정
- 매 평일 점심 : 지출 1분 기록+감사 제목 1개 메모
- 금요일 퇴근 전 : 가계부 정리 스크린샷과 "남은 예산·느낀 점·다음 주 목표"를 배우자에게 공유

교회 리더 – 사역
- 월·수 : 연합집회 기도 모임 홍보 문구 작성·전송
- 금 오후 : 참여 교역자에게 격려 메시지
- 토 오후 : 예배당 안전 점검 체크리스트 완료
- 주일 밤 : 사역 동역자에게 "기도응답·지연 이슈·다음 주 조정" 3줄 보고

작성 요령

체크하지 못한 행동은 그날 밤 '이유'만 적어두세요. 패턴이 눈에 보여야 수정이 가능합니다. 파트너는 잔혹한 심판자가 아니라 **관찰자+응원자**입니다. 질문 3개면 충분합니다.

03 쓴물에서 단물로

광야의 지혜 불평을 기도로 바꾸는 치유 로드

- ✅ 불평을 멈추고 기도로 나아올 때 쓴물이 단물 된다.
- ✅ 긍정적 신뢰와 간절한 기도가 하나님의 공급을 경험하게 한다.
- ✅ 순종하면 쓴 경험이 달콤한 간증으로 전환된다.

말씀 깊이 묵상하기

핵심구절

> 그가 물에 나무를 던지니 물이 달게 되었더라 출 15:25

관찰과 해석

"나무"(에츠) : 십자가의 그림자, 결단을 던지는 행동

"달게 되었더라" : 즉각적 · 가시적 치유

"시험하실새" : 쓴물은 신뢰를 점검하는 테스트

나의 광야 노트

1단계 최근 직면한 '쓴물' 사건은?

[상황 기록]

- 일시 : ___ 년 ___ 월 ___ 일
- 장소 : _____
- 내용 : _____
- 감정 : _____

[핵심 가이드]

쓴물은 삶의 어려운 상황을 의미합니다. 객관적 사실과 주관적 감정을 구분해서 적으면 문제를 더 명확히 볼 수 있습니다.

기록할 때는 **날짜→장소→객관적 사실→감정** 순으로 메모합니다. 객관적 사실과 주관적 감정을 따로 적어야 '무엇이 실제 문제인가?'가 또렷해집니다.

[실전 적용 예시]

청소년 – 신앙 영역

- 일시 : 2025년 4월 13일 오후 4시
- 장소 : 교회 교육관 2층
- 내용 : 세례 준비반이 교역자 부재로 한 달 연기된다는 공지를 들었다.
- 감정 : 실망, 애매함

대학생 – 관계 영역

- 일시 : 2025년 3월 30일 밤 9시
- 장소 : 기숙사 방
- 내용 : 팀 프로젝트 동료 둘이 갑자기 휴학해 팀이 해체되었다.
- 감정 : 당혹, 불안

직장인 – 재정 영역

- 일시 : 2025년 4월 1일 오전 10시
- 장소 : 본사 대회의실
- 내용 : 회사에서 올해 성과급을 전면 보류한다고 발표
- 감정 : 허탈함, 압박감

교회 리더 – 사역 영역

- 일시 : 2025년 2월 17일 오후 2시
- 장소 : 시청 민원실
- 내용 : 도심 연합집회 인허가가 두 번째로 반려되었다.
- 감정 : 낙심, 책임감

작성 요령

감정은 꼭 두 단어로 끊어 쓰세요. '당혹, 불안'처럼 짧게 적으면 나중에 같은 단어가 다시 등장할 때 패턴을 금방 알아챌 수 있습니다.

2단계 반응 선택 분석

반응	나	빈도	결과	개선점
원망				
기도				
기타				

핵심 가이드

빈도는 '자주/가끔/드물게'로, 결과는 부정적/긍정적 영향을 구체적으로, 개선점은 실천 가능한 행동으로 적으세요.

실전 적용 예시

*〈표 예시〉(청소년 사례)

반응	나	빈도	결과	개선점
원망	"왜 우리 반만 연기냐" 불평을 친구에게 자주 털어놓음	자주	마음이 더 불안해져 기도 시간을 놓침	불평 대신 하루 3번 "세례가 더 깊어질 기회" 감사 선언
기도	밤기도 시간 5분 울며 기도함	드물게	평안이 돌아옴	취소 통보가 떠오를 때마다 1분 감사기도
기타	모바일 게임 1시간 과몰입	가끔	잠자는 시간이 밀려 피곤	게임 30분 타이머 설정 후 알람 끄면 종료

청소년

- **원망** : "왜 우리 반만 연기냐" 불평을 친구에게 자주 털어놓음 → **빈도** 자

주→**결과** 마음이 더 불안해져 기도 시간을 놓침→**개선점** 불평 대신 하루 세 번 "세례가 더 깊어질 기회" 감사 선언

- 기도 : 밤 기도 시간 5분 울며 기도함→**빈도** 드물게→**결과** 평안이 돌아옴→**개선점** 취소 통보가 떠오를 때마다 1분 감사기도
- 기타 : 모바일 게임 1시간 과몰입→**빈도** 가끔→**결과** 잠자는 시간이 밀려 피곤→**개선점** 게임 30분 타이머 설정 후 알람 끄면 종료

대학생

- 원망 : 휴학한 팀원을 SNS에 비꼬는 글로 표현→**빈도** 가끔→**결과** 다른 동료들과도 어색→**개선점** 삭제 후 "힘내라" 메시지로 대체
- 기도 : 새 팀원을 보내달라고 새벽예배 때 기도→**빈도** 드물게→**결과** 그날 마음에 평안 70% 회복→**개선점** 새벽예배 주 3회 고정
- 기타 : 밤새 넷플릭스로 회피→**빈도** 자주→**결과** 보고서 일정 더 밀림→**개선점** OTT 시청을 하루 1편으로 제한하고 타이머 설정

직장인

- 원망 : 사내 채팅에 회사 정책 비난 글 남김→**빈도** 가끔→**결과** 팀 분위기 가라앉음→**개선점** 불만 올라오면 팀장에게 건설적 질문으로 전환
- 기도 : 출근길 지하철에서 잠깐 '필요 채우심' 기도→**빈도** 드물게→**결과** 불안이 30% 줄어듦→**개선점** 출근 전 카페 10분 감사기도 루틴
- 기타 : 온라인 쇼핑으로 스트레스 해소→**빈도** 자주→**결과** 카드 사용액 증가→**개선점** 장바구니 보류 24시간 규칙 실행

교회 리더

- 원망 : 행정기관을 탓하며 회의 때 불평→**빈도** 자주→**결과** 준비팀 사기 저하→**개선점** 불평 대신 "주권을 인정합니다" 공동 기도 제안

- 기도 : 매주 수요 금식기도로 문제 올려드림→**빈도** 가끔→**결과** 새 대안 아이디어가 떠오름→**개선점** 기도 빈도를 주 2회로 늘리고 기록
- 기타 : 행정 서류를 미루고 SNS만 탐색→**빈도** 가끔→**결과** 허가 준비 더 지연→**개선점** 월요일·수요일 오전 2시간 '서류 작업 집중 시간' 확보

> 작성 요령

빈도는 반드시 단어 하나(자주·가끔·드물게)로 고정하고, 결과는 "10점 만점에 몇 점" 또는 "기분이 30분 지속"처럼 구체적인 수치로 써보세요. 그러면 개선점이 애매해질 틈이 없습니다.

③단계 십자가적 순종 행동 정하기

[내가 던질 '나무' – 구체적 결단]

1.
2.
3.

> 실행 타임라인

- 시작 : ___ 월 ___ 일
- 방법 : _____
- 도움 : _____

핵심 가이드

"나무"(에츠)는 상황을 뒤집을 구체적·희생적 행동을 뜻합니다. 용서, 화해, 양보 등 희생이 필요한 결단을 3가지 적어보세요.

나무의 원칙: ① 희생을 감수해야 하고 ② 48시간 안에 시작할 수 있고 ③ 측정 및 확인이 가능해야 한다.

실전 적용 예시

청소년 – 신앙

1. 용서 : 연기 결정을 전한 전도사님에게 감사 문자 발송
2. 양보 : 주일 간식비 절반을 세례 준비반 교재 구입에 보태기
3. 기도 : 취소 공지 생각날 때마다 1분 감사기도
- 시작 : 오늘 밤 9시
- 방법 : 문자 작성→전송, 간식비 봉투 준비, 휴대폰에 "1분 감사" 알람 설정
- 도움 : 어머니가 실행 확인

대학생 – 관계

1. 화해 : 휴학한 팀원에게 응원 메일과 참고 자료 링크 전송
2. 협력 : 새 팀 구성 전, 남은 인원과 역할 재분배 회의 주도
3. 경청 : 매 미팅 끝에 '당신 의견 1줄 요약'을 직접 말해주기
- 시작 : 48시간 내
- 방법 : 이메일은 오늘 22시, 회의는 수요일 15시, 요약은 회의 때 즉시
- 도움 : 학과 조교가 회의실 예약·기록 지원

직장인 – 재정

1. 절제 : 한 달간 커피값을 모두 통장에 저축하기
2. 감사 : 성과급 보류 공지 메일을 "감사 노트"에 필사
3. 기부 : 매주 식비의 10%를 구호 단체에 쌀 후원
- 시작 : 내일 아침 8시
- 방법 : 자동이체 설정, 노트 필사 10분, 후원 사이트 정기 납부 등록
- 도움 : 배우자가 통장·후원 확인

교회 리더 – 사역

1. 기도 : 인허가 담당 공무원 이름을 넣어 매일 축복기도
2. 섬김 : 연합집회 참가 교회를 매주 한 곳씩 방문해 점심 대접
3. 투명성 : 준비 상황·예산을 주보에 공개하여 공동체 신뢰 회복
- 시작 : 이번 주 수요일
- 방법 : 기도 알람 06:00 설정, 방문 일정 카톡 공지, 주보 원고 마감 전날 작성
- 도움 : 부사역자가 일정 체크

작성 요령

'48시간' 안에 첫걸음을 떼야 합니다. 십자가적 순종은 '언젠가'가 아니라 '지금'의 믿음을 요구하기 때문입니다.

4단계 치유 선언문

"주님, 쓴물 _____ 을(를) 단물로 바꾸실 것을 믿습니다.
나의 _____ 도 주님의 능력으로 변화될 것입니다."

핵심 가이드

첫 칸엔 구체적 문제 상황을, 둘째 칸엔 내면의 쓴 감정이나 태도를 적으세요. 믿음으로 선포하는 것이 중요합니다.

선언문 공식

"주님, 쓴물 〈문제 상황〉을(를) 단물로 바꾸실 것을 믿습니다. 나의 〈쓴 감정/태도〉도 주님의 능력으로 변화될 것입니다."

실전 적용 예시

청소년

"주님, 쓴물 '세례 준비 연기'를 단물로 바꾸실 것을 믿습니다. 나의 '실망감'도 주님의 능력으로 변화될 것입니다."

대학생

"주님, 쓴물 '팀 해체'를 단물로 바꾸실 것을 믿습니다. 나의 '불안'도 주님의 능력으로 변화될 것입니다."

직장인

"주님, 쓴물 '성과급 보류'를 단물로 바꾸실 것을 믿습니다. 나의 '압박감'도 주님의 능력으로 변화될 것입니다."

> 교회 리더

"주님, 쓴물 '인허가 반려'를 단물로 바꾸실 것을 믿습니다. 나의 '낙심'도 주님의 능력으로 변화될 것입니다."

> 작성 요령

하루 세 번(아침·점심·잠들기 전) 큰 소리로 읽으세요. 하나님의 말씀이 우리 마음에 들어올 때 믿음의 새로운 통로가 열립니다.

5단계 간증 공유 계획

공유 채널	날짜	내용	결과	대상
☐ 셀모임				
☐ 블로그				
☐ SNS				
☐ 예배 간증				

> 핵심 가이드

치유 과정을 기록했다가 나누세요. 날짜는 한 달 내로, 내용은 3분 분량으로, 대상은 도움 될 사람들을 구체적으로 정하세요.
3가지 원칙 : ① 채널 : 가장 자연스럽고 실제 도움이 될 곳 하나 이상 ② 날짜 : '나무' 행동을 시작한 지 30일 이내 ③ 내용·대상 : 3분 분량 간증 원고 / 구체적 청중

실전 적용 예시

* 〈표 예시〉 (청소년 사례)

공유 채널	날짜	내용	대상
▢ 금요 중·고등부 셀 모임	5월 17일 ('나무' 시작 26일째)	"세례 연기→감사기도→평안 회복" 3단 구조	동갑 친구 12명

청소년

- 채널 : 금요 중·고등부 셀 모임
- 날짜 : 5월 17일('나무' 시작 26일째)
- 내용 : "세례 연기→감사기도→평안 회복" 3단 구조
- 대상 : 동갑 친구 12명

대학생

- 채널 : 개인 블로그+팀 새 메신저 채팅
- 날짜 : 5월 25일 오후 8시
- 내용 : 해체→새 팀 결성→협업 팁 3가지
- 대상 : 학과 친구, 후배·선배 30명

직장인

- 채널 : 사내 월요일 아침 회의 'GOOD NEWS' 코너
- 날짜 : 6월 3일 9시 10분
- 내용 : 성과급 보류 때 경험한 절제·나눔 간증
- 대상 : 팀원 8명+부서장

교회 리더

- 채널 : 주일 2부 예배 간증

- 날짜 : 6월 15일 2부 예배 후 3분
- 내용 : 인허가 반려 → 기도 연대 → 허가 통과 예정 소식
- 대상 : 전 회중 + 연합집회 준비팀

작성 요령
간증 원고는 **쓴물(문제) → 나무(순종) → 단물(응답) → 하나님께 영광** 네 줄로 요약해두면 부담 없이 3분 안에 끝낼 수 있습니다.

04 일용할 양식의 교훈

광야의 지혜 하루치 은혜+안식의 리듬

- ☑ 만나와 메추라기는 필요 분량만 거두는 의존훈련이다.
- ☑ '갑절의 준비'와 안식일은 하루치 은혜 + 쉼의 하늘 리듬을 몸에 새긴다.
- ☑ 감사와 나눔으로 응답할 때 광야에도 하늘 경제가 열린다.

말씀 깊이 묵상하기

핵심 구절

내가 너희를 위하여 하늘에서 양식을 비같이 내리리니 출 16:4

관찰과 해석

"비같이" : 끊임없이 내리는 하나님의 공급

"날마다" : 저장보다 신뢰를 선호하시는 주님

"갑절" : 안식을 위해 미리 준비

나의 광야 노트

1단계 내가 쌓아둔 '만나 저장고' 점검

영역	쌓아둔 것	실제 필요량	초과분	나눔 계획
재정				
재능				
정보				
시간				

핵심 가이드

쌓아둔 것은 구체적 금액이나 기술을, 필요량은 실제 사용량을, 초과분은 나눌 수 있는 여유분과 나눔 방법을 적으세요.

실전 적용 예시

* 〈표 예시〉 (청소년 사례)

영역	쌓아둔 것	실제 필요량	초과분	나눔 계획
재정	용돈 60,000원이 통장에 그대로 남아 있다	한 주에 쓰는 돈은 20,000원 정도면 충분	40,000원이 남아 '광야 냉장고'에 쌓여 있는 셈	동아리 회비를 못 내는 친구에게 이번 주 안으로 40,000원을 익명으로 전달하기

청소년 – 재정 영역

- 쌓아둔 것 : 용돈 60,000원이 통장에 그대로 남아 있다.

- 실제 필요량 : 한 주 동안 쓰는 돈은 20,000원 정도면 충분하다.
- 초과분 : 40,000원이 남아 '광야 냉장고'에 쌓여 있는 셈이다.
- 나눔 계획 : 동아리 회비를 못 내는 친구에게 이번 주 안으로 40,000원을 익명으로 전달하기.

대학생 – 시간 영역
- 쌓아둔 것 : 유튜브 시청 시간이 일주일에 14시간까지 늘어났다.
- 실제 필요량 : 휴식과 정보 수집 목적으로 6시간이면 충분하다.
- 초과분 : 8시간이 남아 허비되고 있다.
- 나눔 계획 : 그 8시간 가운데 4시간을 과제 튜토리얼 영상에 영어 자막을 달아 학과 후배들이 보도록 무료 공유한다.

직장인 – 정보 영역
- 쌓아둔 것 : 업무 관련 온라인 강의 수강권 8개가 만료 예정이지만 방치되어 있다.
- 실제 필요량 : 현재 업무에 직접 활용할 수 있는 강의는 2개면 충분하다.
- 초과분 : 6개 강의가 수강하지 않은 채 낭비되고 있다.
- 나눔 계획 : 이번 달 안에 미수강 강의 6개 중 4개를 같은 업무를 담당하는 동료 두 명에게 양도하고, 나머지 2개는 빠르게 수강해 핵심 내용을 팀 회의에서 공유한다.

교회 리더 – 재능 영역
- 쌓아둔 것 : 교회 행정 업무 경험과 이벤트 기획 노하우가 5년간 축적되어 있다.
- 실제 필요량 : 현재 담당하는 교회 사역에 필요한 것은 그중 30% 정도면 충분하다.

- 초과분 : 70%의 경험과 노하우가 활용되지 못하고 있다.
- 나눔 계획 : 30일 안에 교회 행정 매뉴얼을 정리해 지역 개척교회 두 곳에 무료로 제공하고, 월 1회 '교회 행정 멘토링' 시간을 만들어 경험이 부족한 교회 사역자들을 돕는다.

> 작성 요령

숫자를 반드시 정확히 적으세요. '조금 남음'이나 '꽤 많음'처럼 흐릿하게 쓰면 마음도 그대로 흐려집니다. '+8시간', '+4권', '+40,000원'처럼 선명한 초과치를 적어야 '30일 안 나눔 계획'이 동사(행동)로 바뀌어 실제로 움직입니다.

2단계 리듬 점검

[현재 생활 리듬 체크]

☐ 매일 말씀 식사 (시간 : _____)
☐ 주일 안식 준수 (방법 : _____)
☐ 정기 예배 참석 (빈도 : _____)
☐ 기도 시간 확보 (시간 : _____)

> 핵심 가이드

실제 실천하고 있는 것만 체크하고, 괄호 안은 구체적으로 적으세요.
예) 시간 : 오전 6시, 방법 : 스마트폰 OFF, 빈도 : 주 2회

진단 항목: 하루치 은혜를 받기 위해 이미 지키고 있는 은혜 루틴을 **말씀 식사 시간, 주일 안식 실천, 정기 예배 참석, 기도 시간 확보**의 네 항목으로 진단합니다. 체크를 표로 하지 말고, 아래처럼 문장으로만 기록하세요.

실전 적용 예시

청소년
- 말씀 식사: 평일 06:45에 잠언 1장을 필사하며 시작, 주말은 불규칙함
- 주일 안식: 주일예배 후 오후엔 게임을 끊고 가족 산책으로 쉼을 누림
- 정기 예배: 주일 오전 예배와 수요예배 모두 참석 중
- 기도 시간: 취침 직전 5분 감사기도는 꾸준, 낮시간 기도는 비어 있음

대학생
- 말씀 식사: 07:20에 요한복음 2장을 읽고 5분 메모, 시험 기간엔 놓침
- 주일 안식: 주일 오후에는 노트북·모바일 전면 중단을 지킴
- 정기 예배: 주일예배와 금요 기도회 참석, 수요예배는 빠짐
- 기도 시간: 정해둔 시간이 없어 '불규칙'으로 표시

직장인
- 말씀 식사: 07:50 지하철 이동 중 오디오 성경 10분 듣기
- 주일 안식: 마땅한 쉼이 없어 '미확보' 상태
- 정기 예배: 주일 2부 예배와 수요 직장인 예배 참석
- 기도 시간: 21:30 휴대폰 전원을 끄고 10분 묵상기도 실행

교회 리더
- 말씀 식사: 새벽 05:30에 출애굽기 세 장 통독
- 주일 안식: 토요일 18시 이후 모든 사역·메일·카톡을 중단, 가족과 쉼

- 정기 예배 : 주일 2부, 새벽예배 주 3회, 수요예배까지 꾸준히 참여
- 기도 시간 : 정오 12:00에 15분 중보기도 시간을 고정

> 작성 요령

각 항목에 "✔" 대신 문장으로 현황을 적고, 비어 있거나 불규칙한 부분이 발견되면 그 빈칸 하나만 다음 주의 첫 개선 목표로 삼으세요. 완벽한 네 칸을 만드는 것이 목적이 아니라, 끊긴 리듬을 하나씩 다시 이어 붙이는 것이 핵심입니다.

3단계 하루치 신뢰 플랜

[새벽 만나 계획]

- 시작 시간 : _____
- 묵상 본문 : _____
- 기록 방법 : _____

[안식 준비]

- 준비 요일 : _____
- 준비 항목 : _____

> 핵심 가이드

새벽 만나는 일출 전 시간으로, 본문은 구체적 장절로, 기록은 짧게라도 매

일 하세요. 안식 준비는 토요일에 음식, 청소, 예배 준비 등을 미리 하세요.

> 핵심 원칙

- 오늘 필요한 은혜는 오늘 받는다
- 오늘 남는 것은 오늘 또는 이번 주 안으로 흘려보낸다

> 실전 적용 예시

청소년

매일 아침 07:00 성경 앱으로 잠언 5절을 읽고, 21:00에 그날 가장 감동받은 구절을 가족 단톡방에 한 줄 공유. 이번 주 월요일부터 시작.

대학생

06:45에 요한복음 10절을 필사, 23:00에 SNS 스토리에 필사 사진과 50자 요약을 업로드해 후배들이 볼 수 있게 한다. 이번 주 수요일 즉시 시작.

직장인

출근 전 카페에서 07:20-07:30 오디오 성경 8분을 듣고, 점심시간 12:40에 팀 내부 채널에 '오늘의 통찰' 한 문장을 남긴다. 내일 아침부터 시행.

교회 리더

새벽 05:30에 시편 세 장을 통독하고, 오전 10:00에 교역자 단톡방에 하루 한 구절씩 묵상 요약을 보낸다. 이번 주 토요일부터 시작.

> 작성 요령

알람 제목을 '오늘 만나'로 바꾸고, 첫 실천을 48시간 안에 발동하세요. '언젠가'가 아닌 오늘 정한 시간이 매일의 하늘 창고를 여는 열쇠가 됩니다.

4단계 감사-나눔 선언문

"하늘 양식의 여유를 _____ 와(과) 나누겠습니다.
나눔을 통해 _____ 의 기쁨을 경험하겠습니다."

핵심 가이드

다음과 같은 선언문 공식을 적용하여 작성해보세요.

선언문 공식

"주님, 오늘 주신 〈양식 또는 자원〉으로 충분합니다. 내일 몫은 주님이 예비하심을 믿고 〈초과분을 흘려보낼 행동〉을 기쁨으로 실행합니다."

실전 적용 예시

청소년

"주님, 오늘 주신 10,000원의 용돈으로 충분합니다. 내일 몫은 주님이 예비하심을 믿고 코딩 동아리 친구에게 간식비 2,000원을 기쁨으로 건넵니다."

대학생

"주님, 오늘 주신 16시간의 깨어 있는 시간으로 충분합니다. 내일 몫은 주님이 예비하심을 믿고 남는 30분을 자막 번역 봉사로 기쁘게 드립니다."

직장인

"주님, 오늘 주신 업무 효율화 노하우로 충분합니다. 내일 몫은 주님이 예비하심을 믿고 엑셀 단축키 정리 자료를 후배들에게 기쁘게 공유합니다."

교회 리더

"주님, 오늘 주신 행정 업무 경험으로 충분합니다. 내일 몫은 주님이 예비하심을 믿고 정리된 매뉴얼을 개척교회 사역자들에게 기쁘게 제공합니다."

작성 요령

선언문을 스마트폰 잠금화면·노트 앞장·책상 모니터 하단 3곳에 동시에 붙여두면, 눈에 띄는 순간마다 믿음 회로가 재가동됩니다.

5단계 나눔-선교 프로젝트

프로젝트명	대상	내용	일정	동역자

핵심 가이드

프로젝트명은 쉽게 기억할 이름으로, 대상은 구체적으로(예: 'ㅇㅇ마을 독거노인'), 내용은 실천 가능한 것으로(월 1회 방문), 일정은 3개월 내로 계획하세요.

실전 적용 예시

*〈표 예시〉(청소년 사례)

프로젝트명	대상	내용	일정	동역자
용돈 나눔 프로젝트	코딩 동아리 회비 부족한 김○○ 친구	간식비 2,000원 익명 전달	이번 주 토요일 15:00	부모님 (나눔 후기 3줄 보고)

청소년

- 프로젝트명 : "용돈 나눔 프로젝트"
- 대상 : 코딩 동아리 회비 부족한 김○○ 친구
- 내용 : 간식비 2,000원 익명 전달
- 일정 : 이번 주 토요일 15:00
- 동역자 : 부모님(나눔 후기 3줄 보고)

대학생

- 프로젝트명 : "시간 나눔 봉사"
- 대상 : 학과 후배들(1-2학년 약 30명)
- 내용 : 과제 튜토리얼 영상 영어 자막 번역
- 일정 : 다음 주 금요일 18:00까지 업로드 완료
- 동역자 : 룸메이트(봉사 소감·배운 점·다음 목표 공유)

직장인

- 프로젝트명 : "업무 노하우 공유"
- 대상 : 사내 후배 직원 2명(신입사원 위주)
- 내용 : 엑셀 단축키 정리 자료 제작 및 공유
- 일정 : 이번 달 30일 17:00, 사내 멘토링 채널 게시

- 동역자 : 배우자(공유 자료 활용도 함께 확인)

교회 리더
- 프로젝트명 : "사역 경험 나눔"
- 대상 : 지역 개척교회 사역자 4명
- 내용 : 교회 행정 업무 매뉴얼 정리 및 제공
- 일정 : 다음 달 5일 주일 2부 예배 후 보고
- 동역자 : 회중(2분 간증으로 결과 공유)

작성 요령

나눔이 끝나면 캘린더에 '만나 체험'이라는 제목으로 알림을 남기십시오. 하나님이 어떻게 공급하셨는지 시간, 장소, 사람이 기록될 때, '매일 양식'에 대한 신뢰는 숫자와 날짜만큼 더 구체적으로 몸에 새겨집니다.

05 목마름 속의 은혜

광야의 지혜 성령 생수로 갈증을 해갈하다

- ✔ 반석이신 그리스도를 치자 성령의 생수가 터져 목마름이 해결되었다.
- ✔ 마사-므리바의 불평은 성령 생수 체험 후 예배의 기념비가 되었다.
- ✔ 성령 충만할 때 광야도 생명과 사명의 강이 흐르는 자리로 바뀐다.

말씀 깊이 묵상하기

핵심 구절

반석을 치라 그것에서 물이 나오리니 백성이 마시리라 출 17:6

관찰과 해석

"반석": 그리스도 상징, 견고한 구원

"물이 나오리니": 성령의 충만과 지속적 공급

"마시리라": 개인 해갈이 공동체 축복으로 확장

나의 광야 노트

1단계 숨은 갈증 찾기

갈증 유형	증상	근본 원인	성령의 대안
인정욕			
통제욕			
안전욕			
성공욕			

핵심 가이드

증상은 행동으로(SNS 확인), 근본 원인은 내면 동기로(외로움), 성령의 대안은 말씀의 약속으로(예:"내가 너를 버리지 아니하리라") 적으세요.

분석 과정

- 갈증 유형 선택: 인정욕·통제욕·안전욕·성공욕 가운데 지금 가장 크게 느껴지는 한 가지를 고릅니다.
- 증상: 겉으로 드러난 행동을 단문으로 씁니다. "SNS 좋아요를 수시로 확인"처럼 행동으로 표현해야 합니다.
- 근본 원인: 그 행동이 솟아오른 속마음을 한 단어 또는 짧은 문장으로 기록합니다. '외로움', '미래 불안'처럼 내면 동기를 적습니다.
- 성령의 대안: 하나님이 주신 말씀 약속이나 복음적 진리를 적습니다. "네 길을 여호와께 맡기라(시 37:5)"처럼 구절을 직접 쓰면 가장 좋습니다.

실전 적용 예시

* 〈표 예시〉 (청소년 사례)

갈증 유형	증상	근본 원인	성령의 대안
인정욕	인스타그램 스토리를 올린 뒤 5분마다 확인한다	친구들에게 잊힐까 두렵다	"나는 너를 보배롭고 존귀하게 사랑한다"(사 43:4)를 오늘 3번 소리 내어 읽기

청소년 – 인정욕

- 증상 : 인스타그램 스토리를 올린 뒤 5분마다 확인한다
- 근본 원인 : 친구들에게 잊힐까 두렵다
- 성령의 대안 : "나는 너를 보배롭고 존귀하게 사랑한다"(사 43:4)를 오늘 3번 소리 내어 읽기

대학생 – 통제욕

- 증상 : 팀 과제를 혼자 다 하려다 새벽 2시까지 작업한다
- 근본 원인 : 남이 내 점수에 영향을 주면 불안하다
- 성령의 대안 : "네 길을 여호와께 맡기라"(시 37:5) 구절을 노트북 배경화면으로 설정하기

직장인 – 안전욕

- 증상 : 월급날마다 잔고를 세 번 이상 확인하고도 걱정한다
- 근본 원인 : 예상치 못한 지출이 생길까 두렵다
- 성령의 대안 : "이 모든 것을 너희에게 더하시리라"(마 6:33)를 출근길에 암송하기

교회 리더 – 성공욕

- 증상 : 예배 참석 인원이 줄면 바로 설교 원고를 다시 고친다
- 근본 원인 : 숫자가 곧 내 사역 가치라는 압박
- 성령의 대안 : '충성으로 인정받기'(고전 4:2)를 강단 안쪽에 포스트잇으로 붙여 매번 확인

작성 요령

증상은 "~한다"처럼 현재형 행동으로, 근본 원인은 "~때문"처럼 감정·동기로, 성령의 대안은 말씀 한 구절 또는 짧은 신앙 고백으로 채우면 분리가 또렷해집니다.

2단계 의존 패턴 분석

[나의 의존 대상 체크]

☐ 사람 (누구? : _____)

☐ 돈 (금액 : _____)

☐ 기술 (무엇? : _____)

☐ 성령 (체험 : _____)

핵심 가이드

솔직하게 체크하고 구체적으로 적으세요. 성령께 의존한다면 어떤 체험이나 변화가 있었는지 기록하세요.

분석 과정

"나는 갈증을 무엇으로 달래려 했는가?"를 솔직히 적는 자리입니다. 네 항목(사람·돈·기술·성령) 중 해당되는 것에만 구체 내용을 써넣으세요.

- 사람 : 의지하거나 기대고 있는 사람의 이름을 구체적으로 씁니다.
- 돈 : 금액을 낱낱이 적습니다. '월 30만 원 추가 알바'처럼 정확히 써야 실상이 드러납니다.
- 기술 : 스마트폰·게임·SNS·AI 등 구체 수단을 밝힙니다.
- 성령 : 최근 체험이나 마음 변화가 있었다면 '어떻게, 언제'를 기록합니다.

실전 적용 예시

청소년

- 사람 : 반 친구 세준이가 '좋아요' 눌러줄 때만 기분이 풀린다
- 돈 : 새 게임 스킨을 사려고 용돈 15,000원 이미 결제
- 기술 : 틱톡을 30분 넘게 자동 재생
- 성령 : 주일예배 중 찬양할 때 마음이 잠깐 평안해졌다

대학생

- 사람 : 프로젝트 팀 리더의 칭찬 없으면 의욕이 뚝 떨어짐
- 돈 : 추가 장학금 50만 원을 받아야 안심
- 기술 : 캠퍼스 맵·자료 검색 AI에 과도하게 의존
- 성령 : 새벽예배 후 과제 아이디어가 순간적으로 떠올랐다

직장인

- 사람 : 팀장 피드백 없으면 일 진행을 멈춘다
- 돈 : 비상금 통장에 월 10만 원을 더 쌓지 못하면 불안

- 기술 : 주식앱 push 알림 10번 이상 확인
- 성령 : 점심 3분 기도 후 예산 삭감 불안감이 30% 줄었다

교회 리더

- 사람 : 주일 출석 수치 보고를 장로님이 칭찬해줘야 마음이 놓임
- 돈 : 집회 헌금 목표액이 500만 원을 넘어야 안정감
- 기술 : 유튜브 라이브 시청자 수를 설교 중에도 반복 확인
- 성령 : 금식기도 중 '내 양을 먹이라'라는 말씀이 강하게 떠올라 위로 받음

작성 요령

항목마다 "없음"이라고 써도 좋지만, 되도록 '왜 없는지'를 짧게 적어보세요. 예를 들어 "성령 : 아직 특별한 체험 없음, 그래서 이번 주 새벽기도에 참여해보기로"처럼 남겨두면 3단계 행동 목표를 세우기가 훨씬 쉽습니다.

3단계  첫 5분 기도 루틴

[고정 기도 시간표]

- 아침 : _____시 _____분
- 장소 : _____
- 자세 : _____
- 찬양 : _____

핵심 가이드

아침은 일과 시작 전으로, 장소는 방해받지 않는 곳으로, 자세는 무릎 꿇기나 서서, 찬양은 1곡을 정해서 매일 같은 것으로 시작하세요.

가이드라인

- '일어나서 30분 안'에 고정한다.
- 장소는 방해받지 않는 곳, 매일 똑같은 의자를 지정하면 좋다.
- 자세는 몸이 깨어나는 형태(무릎 꿇기·서서·책상 앞 두 손 모으기 등).
- 찬양은 한 곡만 선택해 2주 이상 그대로 유지한다. 반복이 집중력을 만든다.

실전 적용 예시

청소년

아침 06:40, 책상 오른쪽 의자, 무릎 반쯤 꿇고, 〈주 품에〉 1절을 이어폰으로 들으며 5분 기도

대학생

아침 07:05, 기숙사 옥상, 서서 두 손 높이, 〈예수 늘 함께〉 무반주 찬양 후 5분 기도

직장인

출근 전 07:25, 주차장 옆 공원 벤치, 허리를 펴고 앉아, 〈주의 음성을 내가 들으니〉를 휴대폰으로 틀고 5분 기도

교회 리더

새벽 05:15, 본당 강단, 무릎 꿇고 두 손 펼침, 〈성령이여 임하소서〉 반주

틀고 5분 기도

> **작성 요령**

휴대폰 알람 이름을 "반석 치기 5분"으로 바꿔 두면 '왜 기도해야 하는가'를 매일 떠올리게 됩니다

4단계 성령 충만 선언문

"성령님, _____ 의 갈증을 채워 사명으로 흐르게 하소서.
나를 통해 _____ 의 생수가 흘러가게 하소서."

> **핵심 가이드**

첫 칸에는 내면의 목마름(사랑, 인정, 평안)을, 둘째 칸에는 흘러보낼 영적 축복(위로, 격려, 복음) 등을 적으세요.

> **선언문 구성**

- 첫 칸에는 내면의 갈증 하나를 정확히 넣는다. "사랑받지 못한다는 두려움", "통제 불가능에 대한 불안"처럼 구체적으로.
- 둘째 칸에는 흘러보낼 축복을 위로·격려·복음 등 한 단어로 적는다.
- 하루 3번(아침기도 직후, 점심, 잠들기 전) 소리 내어 읽는다.

실전 적용 예시

청소년

"성령님, 인정받고 싶다는 갈증을 채워 사명으로 흐르게 하소서. 나를 통해 용기의 생수가 흘러가게 하소서."

대학생

"성령님, 결과를 통제하려는 갈증을 채워 사명으로 흐르게 하소서. 나를 통해 격려의 생수가 흘러가게 하소서."

직장인

"성령님, 안전이 담보돼야 안심하는 갈증을 채워 사명으로 흐르게 하소서. 나를 통해 평안의 생수가 흘러가게 하소서."

교회 리더

"성령님, 성공으로 가치를 증명하려는 갈증을 채워 사명으로 흐르게 하소서. 나를 통해 복음의 생수가 흘러가게 하소서."

작성 요령

거울 앞에서 하나님의 말씀을 자신에게 고백하면, 성령께서 그 진리를 우리 마음에 확신으로 주십니다.

5단계 생수 흘려보내기 프로젝트

사역	대상	방법	일정	평가
구제				
멘토링				
다음세대				

핵심 가이드

생수의 강 흘려보내기 4단계에서 선언한 "나를 통해 ○○의 생수가 흘러가게 하소서"를 실제 행동으로 옮기는 단계입니다. 내 안의 갈증이 성령으로 채워지면, 그 생수가 다른 사람들에게 흘러가야 합니다.

대상은 구체적 이름이나 그룹으로, 방법은 실천 가능한 것으로(예:주 1회 30분 통화), 일정은 시작–종료일을, 평가는 매월 점검 기준을 적으세요.

설정 절차

- 사역 분야 하나 선택 : 구제·멘토링·다음세대
- 대상 : 이름 또는 집단을 명시한다
- 방법 : 측정 가능한 행동으로 쓴다("주 1회 30분 통화"처럼)
- 일정 : 시작일과 종료일을 날짜로 확정한다
- 평가 : 월 1회 체크 항목을 한 줄로 만든다("대상 반응 메모 3줄 기록" 등)

실전 적용 예시

* ⟨표 예시⟩ (대학생 사례)

사역	대상	방법	일정	평가
멘토링	과제를 막막해 하는 21학번 두 명	주 1회 40분 줌(zoom) 멘토링	5월 1일부터 7월 15일까지	매월 첫 월요일, 참석률·질문수· 진행률을 구글 시트에 기록

청소년 – 구제 (용기의 생수 흘려보내기)
- 대상: 반에서 혼자 공부용품 빌려달라고 자주 부탁하는 지훈이
- 방법: 4월 10일부터 6월 30일까지 매주 용돈에서 2,000원씩 모아서 월말에 필요한 문구용품 선물하기
- 평가: 매월 마지막 주일, 일기장에 '지훈이와 대화한 횟수'와 '변화된 점' 기록

대학생 – 멘토링 (격려의 생수 흘려보내기)
- 대상: 과제를 막막해하는 21학번 두 명
- 방법: 5/1-7/15, 주 1회 40분 줌(zoom) 멘토링
- 평가: 매월 첫 월요일, 참석률·질문 수·진행률을 구글 시트에 기록

직장인 – 구제 (평안의 생수 흘려보내기)
- 대상: 지역 노숙인 쉼터
- 방법: 4/20-10/20, 급식 봉사 월 1회 + 쌀 10kg 기부
- 평가: 각 봉사 후 24시간 안에 느낌·배운 점 3줄 노트 작성

교회 리더 – 다음세대 (복음의 생수 흘려보내기)
- 대상: 중고등부 찬양팀 8명

- 방법: 5/5-12/5, 주 1회 30분 '예배자의 삶' 코칭 & 개인 중보기도
- 평가: 매월 마지막 주, 팀원에게 익명 설문(은혜·변화·건의) 실시 후 코칭 조정

작성 요령

시작하기 전: 캘린더에 시작일 하루 전 알림을 설정하고 "생수 프로젝트 준비"라고 적어두세요.

첫 실행 후: 24시간 안에 간단한 기록을 남기세요. 사진 한 장과 느낀 점 한 줄이면 충분합니다. 이렇게 하면 다음 실행이 쉬워집니다.

평가 시기: 매월 정해진 날짜에 체크하되, 완벽하지 않아도 괜찮습니다. 중요한 것은 꾸준히 하는 것입니다.

기억하세요: 이것은 단순한 봉사가 아니라 '생수의 강'을 흘려보내는 영적 훈련입니다. 내 안의 갈증이 채워질 때 다른 사람들에게도 같은 은혜가 흘러가게 됩니다.

06 기도의 손, 믿음의 칼

광야의 지혜 산 위 기도 + 골짜기 행동

- ✅ '기도의 손'과 '믿음의 칼'이 맞물릴 때 승리가 온다.
- ✅ 아론-훌-여호수아의 협력은 여호와 닛시 깃발을 세웠다.
- ✅ 각자의 자리와 역할을 지킬 때 어떤 아말렉도 나를 꺾을 수 없다.

말씀 깊이 묵상하기

핵심 구절

모세가 손을 들면 이스라엘이 이기고 손을 내리면 아말렉이 이기더니 출 17:11

관찰과 해석

"손을 들면" : 중보기도의 높이

"내리면" : 기도 중단 위험

"돌"·"팔 받침" : 무명의 조력자 필수

나의 광야 노트

1단계 내 역할 진단

[역할 자가 진단]

☐ 기도 파수꾼 (특징: _____)
☐ 현장 실행자 (특징: _____)
☐ 후방 지원자 (특징: _____)
☐ 중보 협력자 (특징: _____)

핵심 가이드

현재 가장 많이 하고 있는 역할에 체크하고, 특징란에 그 역할의 강점이나 약점을 적으세요. 여러 역할을 병행하고 있다면 우선순위를 정하세요.

작성 순서

- 네 칸 가운데 가장 많이 하고 있는 역할 하나에 먼저 "✓" 표시를 마음속으로 넣습니다.
- 특징란에는 "강점 1개+약점 1개"를 한 문장으로 씁니다.
  예 "기도 집중은 30분 이상 가능(강점) / 실행 계획 세부화는 약함(약점)"
- 여러 역할이 겹친다면 우선순위를 숫자로 매깁니다. "① 중보 협력자 ② 후방 지원자"처럼 표시해두면 다음 단계에서 동역 구조를 짤 때 혼란이 없습니다.

실전 적용 예시

청소년
- 체크: "현장 실행자"에 우선 체크
- 특징: 행동력이 빠르다(강점) / 기도 준비를 소홀히 한다(약점)
- 우선순위: ① 현장 실행자 ② 기도 파수꾼

대학생
- 체크: "기도 파수꾼"에 체크
- 특징: 새벽 1시간 기도 가능(강점) / 현장 봉사 참여율 낮음(약점)
- 우선순위: ① 기도 파수꾼 ② 후방 지원자

직장인
- 체크: "후방 지원자"에 체크
- 특징: 재정·행정 정리가 빠르다(강점) / 현장 참여는 월 1회로 제한적(약점)
- 우선순위: ① 후방 지원자 ② 중보 협력자

교회 리더
- 체크: "중보 협력자"에 체크
- 특징: 다른 팀을 잇는 연결 네트워크 강함(강점) / 과로로 기도 시간이 줄어듦(약점)
- 우선순위: ① 중보 협력자 ② 현장 실행자

작성 요령

강점·약점을 적을 때 반드시 구체 단어를 넣으십시오. "좋음·나쁨"이 아니라 "30분 집중", "월 1회 참여"처럼 시간을 붙이면 현실적 전략이 나옵니다.

2단계 '아론-훌' 동역자 발굴

이름	관계	역할	연락처	파트너십 시작일

핵심 가이드

실제로 함께 기도하고 섬길 수 있는 사람을 적으세요. 역할은 구체적으로 (기도 파트너, 재정후원자 등), 시작일은 언제부터 함께할지 날짜를 정하세요.

기입 가이드

- 이름 : 당장 머릿속에 떠오르는 사람을 먼저 적습니다. "추후 섭외"라는 빈칸은 만들지 말고 한 번이라도 대화해본 실존 인물을 쓰십시오.
- 관계 : 친구·동료·셀원·멘토처럼 간단히 명시합니다.
- 역할 : 기도 파트너·재정 후원자·기술 지원자·격려 메신저 등, 한 단어로 힘 있게 적습니다.
- 연락처 : 실제로 통화나 메시지를 보낼 수 있는 번호·ID를 기록합니다.
- 파트너십 시작일 : "이달 5일"처럼 날짜를 정해두면 마음이 행동으로 옮겨지기가 쉬워집니다.

실전 적용 예시

* 〈표 예시〉(청소년 사례)

이름	관계	역할	연락처	파트너십 시작일
한지우 (선배)	교회 청소년부 멘토	기도 파트너	카카오톡 ID jwoo13	5/3(토) 저녁 기도회부터

청소년
- 이름 : 한지우(선배)
- 관계 : 교회 청소년부 멘토
- 역할 : 기도 파트너
- 연락처 : 카카오톡 ID jwoo13
- 시작일 : 5/3 토요일 저녁 기도회부터

대학생
- 이름 : 김도윤
- 관계 : 동아리 후배
- 역할 : 현장 실행 보조
- 연락처 : 010-1234-5678
- 시작일 : 4/27 프로젝트 오리엔테이션

직장인
- 이름 : 박소영
- 관계 : 직장 셀 모임 동료
- 역할 : 재정 후원자 & 행정 서포터
- 연락처 : 사내 메신저 ID soyoung.p

- 시작일:5/1 월급일 이후 첫 미팅

교회 리더
- 이름:이은철 장로
- 관계:연합사역 코어 멤버
- 역할:중보기도·네트워크 연결
- 연락처:이메일 euncheol@church.net
- 시작일:5/5 새벽 6시 기도회

작성 요령

이름을 적은 뒤 24시간 안에 '파트너십 의사 확인 메시지'를 반드시 보내세요. "다음 주부터 함께 기도·지원할 수 있을까요?"라는 짧은 한 줄이면 충분합니다. 실시간 반응이 와야 3단계 '리더 팔 받치기' 행동이 현실적으로 조율됩니다.

3단계 리더의 팔을 받치는 구체적 행동

[지원 계획]
- 리더:_____
- 필요:_____
- 내가 할 일:_____
- 시작 날짜:_____

핵심 가이드

리더는 목회자나 사역팀장 등 구체적 이름으로, 필요는 관찰한 실제 필요(휴식, 경제, 기도)를, 내가 할 일은 '즉시 실천'이 가능한 것으로 적으세요.

작성 순서

- 리더를 한 명만 정합니다. 아직 이름을 모르더라도 '청소년부 김전도사'처럼 실명·직책까지 적습니다.
- 필요를 한 문장으로 관찰합니다. '휴식 부족', '자료 정리 필요', '기도 동력 약화'처럼 구체적으로 한 가지만 적습니다.
- 내가 할 일에 측정 단위를 붙입니다. '주 1회 30분', '5월 둘째 주까지 보고서'처럼 숫자를 써야 행동이 선명해집니다.
- 시작 날짜를 7일 안으로 확정합니다. 날짜를 정하면 계획이 기도로 올라갑니다.

실전 적용 예시

청소년

리더 : 청소년부 김전도사
필요 : 주일 영상 장비 셋업 대신 해줄 손
내가 할 일 : 이번 주부터 주일 9:30까지 카메라·프로젝터 설치와 테스트
시작 날짜 : 5/4

대학생

리더 : 팀 프로젝트 조장 박민수
필요 : 논문 데이터 취합

내가 할 일: 오늘 밤 11시까지 20편 메타데이터 엑셀 정리 후 메일 전송

시작 날짜: 4/27

직장인

리더: 마케팅팀 최부장

필요: 격려와 중보

내가 할 일: 매주 월요일 07:45 '한 구절＋기도 한 줄' 메시지 전송, 점심 5분 기도

시작 날짜: 5/6

교회 리더

리더: 담임 김목사

필요: 설교 준비 자료 정리

내가 할 일: 매주 금요일 오전 목회실 방문해 설교 참고 자료 정리·복사·파일링 도움

시작 날짜: 5/10

작성 요령

시작하기 전: 시작 하루 전, 리더에게 "내일부터 이렇게 돕겠습니다"라고 짧게 알리세요.

중요한 점: 선포는 약속을 현실로 만듭니다. 말로 표현하는 순간 마음도 행동도 준비됩니다.

주의사항: 리더의 권한을 침범하지 않고 뒤에서 지원하는 일들을 선택하세요. 보조 역할에 집중하는 것이 바른 동역의 자세입니다.

4단계 여호와 닛시 선언문

"주님이 나의 깃발이십니다. _____ 의 전쟁도 주께 속했습니다. 기도의 손과 믿음의 칼로 승리하겠습니다."

핵심 가이드

빈칸에는 현재 직면한 영적 전쟁(중독, 가정불화, 재정위기 등)을 적으세요. 이 선언을 매일 아침 소리 내어 고백하세요.

선언문 공식

"주님이 나의 깃발이십니다. 〈전쟁 이름〉도 주께 속했습니다. 기도의 손과 믿음의 칼로 승리하겠습니다."

실전 적용 예시

청소년

"주님이 나의 깃발이십니다. 비교와 열등감의 전쟁도 주께 속했습니다. 기도의 손과 믿음의 칼로 승리하겠습니다."

대학생

"주님이 나의 깃발이십니다. 미루기와 불안의 전쟁도 주께 속했습니다. 기도의 손과 믿음의 칼로 승리하겠습니다."

직장인

"주님이 나의 깃발이십니다. 예산 삭감으로 인한 두려움의 전쟁도 주께 속했습니다. 기도의 손과 믿음의 칼로 승리하겠습니다."

교회 리더

"주님이 나의 깃발이십니다. 영적 무기력의 전쟁도 주께 속했습니다. 기도의 손과 믿음의 칼로 승리하겠습니다."

작성 요령

언제 선언할까? : 거울 앞에서 선언문을 아침 기상 후 첫 30분 안에 소리 내어 읽으세요.

왜 소리 내어 읽을까? : 말씀을 소리로 들을 때 하나님이 모든 싸움을 대신 싸워주시는 분임을 깨닫게 됩니다.

어떻게 실천할까? : 매일 반복하는 것이 중요합니다. 하루라도 빠뜨리지 마세요.

약한 고리 보호 프로젝트

대상	필요	해결책	일정	동역자	리뷰 날짜
청년					
싱글맘					
이주민					

핵심 가이드

대상에는 이름과 상황을, 필요에는 관찰된 주요 요청을, 해결책에는 즉시 실행할 행동을, 일정에는 YYYY.MM.DD 형식의 시작·종료 날짜를, 동역자에는 이름과 역할을, 리뷰 날짜에는 점검일을 간단히 기입하세요.

작성 예시

- 대상 : 김○○ 자매(싱글맘, 자녀 돌봄 필요)
- 필요 : 매주 방과 후 자녀 돌봄 및 정서적 위로
- 해결책 : 매주 화요일 오후 3시-4시 기도 모임 후 간식 제공
- 일정 : 2025.05.01-2025.07.31(매주 화요일)
- 동역자 : 박준형 집사(기도·심방 담당)
- 리뷰 날짜 : 06월 15일

가이드라인

- 대상을 "황은호 형제(청년, 취업 실패 3회)"처럼 이름+상황으로 씁니다.
- 필요를 정기 식사·자녀 돌봄·법률 상담 등 관찰된 한 가지로 제한합니다.
- 해결책은 숫자를 넣어 즉시 실행할 행동으로 적습니다.
  예 "주 1회 30분 통화", "한 달 2회 정서 멘토링" 등
- 일정은 시작·끝 날짜를 YYYY.MM.DD 형식으로 적습니다.
- 동역자는 최소 한 명, 이름과 역할을 명시합니다.
- 리뷰 날짜를 달력에 표시해 한 달 안으로 점검합니다.

실전 적용 예시

* 〈표 예시〉 (청소년 사례)

대상	필요	해결책	일정	동역자	리뷰 날짜
최민아(중1, 부모 해외)	방과 후 숙제 지도	매주 금 16:00-17:00 수학 과제 도와주기	5/3-7/26	김세준 (같은 반, 영어 도움)	6/15

청소년

대상 : 최민아(중1, 부모 해외)

필요 : 방과 후 숙제 지도

해결책 : 매주 금 16:00-17:00 수학 과제 도와주기

일정 : 5/3-7/26

동역자 : 김세준(같은 반, 영어 도움)

리뷰 날짜 : 6/15

대학생

대상 : 이다영(싱글맘·휴학생)

필요 : 정서적 위로

해결책 : 주 1회 40분 줌(zoom) 상담·기도

일정 : 5/1-8/31

동역자 : 최가은(기도 파트너)

리뷰 날짜 : 6/10

직장인

대상 : 구호 센터 난민 5가정

필요 : 기초 식료품

해결책 : 격주 토요일 10kg 쌀·통조림 세트 전달

일정 : 5/4 – 10/26

동역자 : 박소영(재정 관리)

리뷰 날짜 : 7/1

교회 리더

대상 : 김○○ 자매(싱글맘, 자녀 돌봄)

필요 : 주 1회 방과 후 돌봄

해결책 : 화 15:00 – 16:00 간식 제공·과제 지도

일정 : 5/6 – 7/31

동역자 : 박준형 집사(기도·심방)

리뷰 날짜 : 6/15

작성 요령

시작하기 전 : 시작 하루 전에 대상자·동역자 모두에게 "내일 ○○를(을) 시작합니다"라고 문자 혹은 메신저로 알리세요.

왜 미리 알려야 할까요? : 작은 알림이 책임감을 불러와 보호 프로젝트가 끝까지 이어집니다.

지속하는 방법 : 리뷰 날짜를 꼭 지키세요. 매달 점검하며 필요에 따라 계획을 조정하는 것이 중요합니다.

07 함께하는 리더십

광야의 지혜 과부하를 팀 사역으로 구출

- ✓ 책임 분산과 천-백-오십-십부장 체계로 리더십을 세웠다.
- ✓ 경건-진실-청렴을 갖춘 사람에게 위임할 때 공동체가 쉬게 된다.
- ✓ 한 영웅보다 질서 있는 팀이 광야를 견인한다.

말씀 깊이 묵상하기

핵심 구절

네가 혼자 할 수 없으리라 출 18:18

관찰과 해석

"혼자": 고립된 리더의 위험

"두려워하며 진실하며 청렴": 위임의 자격

"쉬우리라": 쉼이 전략

나의 광야 노트

1단계 과부하 신호 체크

[번아웃 자가 진단]

☐ 신체적 피로 (증상: _____)

☐ 정서적 소진 (증상: _____)

☐ 영적 침체 (증상: _____)

☐ 관계 갈등 (증상: _____)

핵심 가이드

과부하 신호 중 '가장 뚜렷한 한 가지'를 선택해, 그 증상을 한 줄로 메모하세요.

출애굽기 18장에서 모세는 "아침부터 저녁까지" 홀로 백성들의 문제를 해결했습니다. 이튿날에도 똑같이 앉아 있는 모세를 본 이드로는 "이 일이 너무 중하니"라고 지적했습니다. 모세의 문제는 게으름이 아니라 혼자 모든 것을 감당하려는 과도한 헌신이었습니다. 우리도 과부하 상태를 정확히 진단해야 합니다.

작성 절차

- 네 칸(신체적 피로·정서적 소진·영적 침체·관계 갈등)을 한 번에 다 채우려 하지 말고, 가장 눈에 띄는 한 칸만 고릅니다. 모세처럼 "혼자" 모든 짐을 지려 하면 결국 아무 칸도 직면하지 못합니다.

- 증상은 의사에게 설명하듯 행동·상태로 적습니다. "머리가 무겁다"보다는 "점심 후에도 2시간 멍하게 앉아 있다"처럼 관찰 가능한 문장으로 씁니다.
- 짧은 기도로 마칩니다. "주님, 이것이 제 '이튿날 아침'(출 18:13)입니다. 해결책을 보여주세요"라고 고백하면 진단이 불평이 아니라 간구가 됩니다.

실전 적용 예시

청소년
- 체크: 정서적 소진
- 증상: 숙제 앞에 앉아 15분 만에 휴대폰으로 도망간다.

대학생
- 체크: 관계 갈등
- 증상: 팀플 카톡 알림이 울리면 심장이 쿵 내려앉아 읽지 못한다.

직장인
- 체크: 신체적 피로
- 증상: 퇴근 후 저녁 8시부터 소파에 눕자마자 그대로 잠들어 새벽 2시에 깬다.

교회 리더
- 체크: 영적 침체
- 증상: 새벽기도 설교 준비가 안돼 시편을 읽는데도 말씀보다 한숨이 먼저 나온다.

작성 요령

진단의 관점: 번아웃은 게으름이 아니라 **과잉 충성의 부작용**일 때가 많습니다. 모세 역시 불순종이 아니라 과도한 헌신 때문에 기력이 쇠했습니다.

기록하는 마음가짐: 증상을 적을 때 죄책감 대신 **은혜의 진단서**를 받는 심정으로 기록하십시오.

기도로 마무리: "주님, 이것이 제 '이튿날 아침'입니다. 해결책을 보여주세요"라고 고백하며 진단을 간구로 승화시키세요.

2단계 위임 구조 설계

직책	이름	권한 범위
천부장		
백부장		
오십부장		
십부장		

핵심 가이드

위임 구조표에는 직책별로 '이름-권한 범위'를 한 줄로 요약해 적으세요.

* 〈표 예시〉

직책	이름	권한 범위
천부장	박○○ 집사	100만 원 이하 지출 승인
백부장	이○○ 집사	주간 모임 일정 조정 및 공지
오십부장	김○○ 집사	예배당 청소·식사팀 일정 조정
십부장	강○○ 집사	소그룹 기도 모임 운영 및 참석 확인

이드로의 지혜(체계적 위임) : 이드로는 모세에게 "너는 큰일만 맡고 작은 일은 그들이 재판하게 하라"라고 조언했습니다. 천부장은 큰일을, 십부장은 작은 일을 맡는 체계적 위임이었습니다. 이것은 모세만을 위한 것이 아니라 "온 백성이 평안히 자기 곳으로 돌아가게" 하기 위함이었습니다. 위임은 공동체 전체의 안식을 위한 하나님의 지혜입니다.

작성 절차

1. 직책 옆에 이름을 바로 적습니다. "천부장 : 박○○ 집사"처럼 기입해야 머릿속 구상에서 실제 움직임으로 옮겨집니다.
2. 권한 범위는 한 문장, 최대 두 개 동사로 끝냅니다. "100만 원 이하 지출 승인" 혹은 "주간 일정 조정·공지"처럼 측정 가능한 숫자·행위를 넣으세요.
3. 이름을 적은 즉시 24시간 안에 당사자에게 의사를 타진합니다. '추후 통보'는 위임을 지연시켜 모세의 팔을 다시 무겁게 합니다.
4. 빈칸이 남아도 괜찮습니다. 출애굽기 18장에서도 '능력 있는 사람'을 찾

는 과정은 즉시 완결되지 않았습니다. 그러나 천부장 자리만큼은 이번 주 안에 채워야 가장 무거운 짐부터 내려놓을 수 있습니다.

실전 적용 예시

청소년 (학생회 프로젝트)
- 천부장 : 김세준 부회장 – 예산 5만 원 이하 결재 · 메인 발표 준비
- 백부장 : 이하영 서기 – 주간 회의 공지 · 회의록 작성
- 오십부장 : 박지우 홍보팀장 – 포스터 디자인 · SNS 게시
- 십부장 : 최소율 반장 – 반별 참여 인원 파악

대학생 (학과 축제)
- 천부장 : 오정은 총괄 – 외부 협찬 · 안전 승인
- 백부장 : 정도윤 회계 – 30만 원 이하 구매 · 정산 보고
- 오십부장 : 김다솔 프로그램장 – 공연 리허설 스케줄
- 십부장 : 노시현 스태프 – 행사 당일 무대 장치 확인

직장인 (사내 워크숍)
- 천부장 : 최부장 – 전체 예산 · 외부 강사 섭외
- 백부장 : 박소영 대리 – 세션 시간표 · 자료집 인쇄
- 오십부장 : 이재훈 주임 – 식음료 · 장소 세팅
- 십부장 : 홍주연 사원 – 출석 체크 · 피드백 설문

교회 리더 (여름 수련회)
- 천부장 : 김영석 장로 – 전체 일정 · 안전 · 재정 300만 원 한도
- 백부장 : 이정은 권사 – 숙소 · 식사 예약 및 계약
- 오십부장 : 한도현 집사 – 버스 · 차량 배차 조정

- 십부장 : 유다은 청년 - 소그룹 찬양·기도 인도 배정

작성 요령

위임의 성경적 의미 : 위임은 권한 포기가 아니라 공동체 안식을 위한 순종입니다(출 18:23 "네가 만일 이 일을 하고 하나님께서도 네게 허락하시면 네가 이 일을 감당하고 이 모든 백성도 자기 곳으로 평안히 가리라").

신뢰의 안전장치 : 권한 범위를 쓰며 '과연 맡겨도 될까?' 염려가 올라오면, 숫자·금액·업무를 명확히 기록함으로써 신뢰의 안전장치를 세우십시오.

상호 이익 : 분명한 범위는 리더도 편하게 쉬고, 부장들도 자유롭게 일하게 합니다. 이것이 바로 이드로가 제시한 지혜입니다.

3단계 리더 자격 점검표

이름	경건	진실	청렴	리더십	영성	총점
						/25
						/25
						/25

핵심 가이드

자격 점검표는 각 항목마다 완료 정도를 0-5 중에서 하나의 숫자로 적으세요.

능력 있는 사람 찾기

이드로는 모세에게 "너는 또 온 백성 가운데서 능력 있는 사람들 곧 하나님을 두려워하며 진실하며 불의한 이익을 미워하는 자를 살펴서 백성 위에 세워"(출 18:21)라고 조언했습니다. 핵심 기준은 하나님을 두려워하는 경건, 진실한 성품, 불의한 이익을 미워하는 청렴함이었습니다. 완벽한 사람이 아니라 하나님을 의지하며 성장할 수 있는 사람을 찾는 것입니다.

작성 절차

1. 한 번에 열 사람, 길게는 세 사람만 먼저 적으십시오. 후보가 많다는 것은 점검이 끝나지 않는다는 뜻이 됩니다.
2. 다섯 항목(경건·진실·청렴·리더십·영성)을 한 가지 질문으로 잘라봅니다.
- 경건 : 이 사람의 일상 예배 습관을 내가 실제로 본 적이 있는가?
- 진실 : 사소한 약속도 시간을 맞추는가?
- 청렴 : 재정·평판에서 잡음이 없는가?
- 리더십 : 결정을 내릴 때 사람을 살리는가?
- 영성 : 문제 앞에서 먼저 기도하는 모습을 본 적이 있는가?

질문마다 0-5까지 직관적으로 점수를 매기고, 다섯 항목을 합산합니다. 합계 20점 이상이면 '즉시 위임 대상', 15점 이하는 '성장 코칭 대상'으로 분류하면 충분합니다.

실전 적용 예시

이름	경건	진실	청렴	리더십	영성	총점
김세준	3	4	4	3	3	17/25 (성장 코칭)
박민수 조장	4	5	4	5	4	22/25 (즉시 위임)
.						
.						
.						

작성 요령

출애굽기 18장의 광야는 '사람을 일꾼으로 세우는 광야훈련학교'였습니다. 점수를 매길 때 너무 완벽주의에 빠지지 마세요.

성경적 기준: 모세가 찾은 자격은 '경건·진실·청렴'이었지 '무오류'가 아닙니다. 하나님을 두려워하며 성장할 수 있는 사람을 찾는 것입니다.

실용적 조언: 20점 이상이면 바로 위임하고, 15점 이하라면 코칭을 통해 성장을 도우세요. 완벽한 사람을 기다리면 위임은 영원히 이루어지지 않습니다.

4단계 팀워크 선언문

"공동체 헌신으로 _____ 사역을 함께 감당하겠습니다. 각자의 은사와 역할로 _____ 을(를) 세워가겠습니다."

핵심 가이드

선언문 빈칸에는 공동체 사역의 핵심 키워드를 넣고, 문장은 짧고 힘 있게 작성하세요.

㉠ "공동체 헌신으로 다음세대 양육사역을 함께 감당하겠습니다. 각자의 은사와 역할로 제자화 운동을 세워가겠습니다."

공동체 헌신 선언

이드로는 "그들이 때를 따라 백성을 재판하되 큰일은 모두 네게 가져갈 것이요 작은 일은 모두 그들이 스스로 재판할 것이니"(출 18:22)라고 했습니다. 이는 각자의 역할을 분명히 하되 공동의 목표를 향해 함께 나아가는 것을 의미합니다. 위임받은 사람들이 각자의 은사와 역할로 하나의 사역을 완성해가는 것입니다.

선언문 공식

"공동체 헌신으로 〈핵심 사역〉을 함께 감당하겠습니다. 각자의 은사와 역할로 〈세워갈 목표〉을(를) 세워가겠습니다."

실전 적용 예시

청소년

"공동체 헌신으로 졸업 감사 예배 준비를 함께 감당하겠습니다. 각자의 은사와 역할로 학교 복음화를 세워가겠습니다."

대학생

"공동체 헌신으로 학과 축제 준비를 함께 감당하겠습니다. 각자의 은사와 역할로 캠퍼스 제자 운동을 세워가겠습니다."

직장인

"공동체 헌신으로 사내 워크숍을 함께 감당하겠습니다. 각자의 은사와 역할로 직장 선교 네트워크를 세워가겠습니다."

교회 리더

"공동체 헌신으로 여름 수련회를 함께 감당하겠습니다. 각자의 은사와 역할로 다음세대 제자화를 세워가겠습니다."

작성 요령

선언문 활용법: 선언문은 회의 첫 화면, 단톡방 고정 공지, 새벽기도 오프닝 등 눈에 가장 많이 띄는 곳에 붙여 두십시오. 구호가 보이면 마음이 같은 방향으로 재정렬됩니다.

성경적 의미: 이드로의 조언처럼 각자의 역할이 분명하되 공동의 목표를 향해 함께 나아가는 것이 핵심입니다. 위임은 분열이 아니라 연합을 만드는 도구입니다.

실천 방법: 선언문을 정하고 나면 모든 팀원이 함께 소리 내어 읽으며 다짐을 나누세요. 공동체의 비전이 개인의 마음에 새겨집니다.

 효과 측정 지표

측정 항목	현재	3개월 후 목표	6개월 후 목표
리더 주당 시간			

팀원 참여율			
불평 건수			
해결 속도			

> **핵심 가이드**

목표치(3개월 후/6개월 후) 옆에는 측정 방법(주간 설문, 시간 기록 등)과 리뷰 날짜를 함께 적어 실행성과를 체크하세요.

> **성경적 평가의 의미**

민수기 1장에서 하나님은 모세에게 "이스라엘 자손의 모든 회중을 그들의 가족과 조상의 가문에 따라 인구 조사하여 남자의 수를 명수대로 계수하라"라고 하셨습니다. 이는 불신의 결과가 아니라 질서 있는 이동과 효과적인 사역을 위한 지혜였습니다. 위임의 성과를 측정하는 것도 마찬가지로 더 나은 사역을 위한 겸손한 점검입니다.

> **지표 설정 방법**

- 리더 주당 시간: 위임 전·후 실제 투입 시간을 기록합니다.
  예 "현재 12시간, 3개월 후 8시간, 6개월 후 6시간"
- 팀원 참여율: 전체 인원 대비 정기 모임 참석 비율을 잡습니다.
  예 "현재 55%, 3개월 후 70%, 6개월 후 80%"
- 불평 건수: 주간 회의·메신저에서 집계된 불만 표현을 카운트합니다.
  예 "현재 주당 6건, 3개월 후 3건, 6개월 후 1건"

- 해결 속도: 사역 문제 하나가 제기된 뒤 해결될 때까지 평균 소요 시간.

  예 "현재 14일, 3개월 후 7일, 6개월 후 3일"

각 목표 옆에 측정 방법을 메모합니다. '시간 기록 앱', '구글 폼 설문', '회의록 불평 키워드 색칠'처럼 구체화해야 실행·점검이 가능합니다.

리뷰 날짜를 캘린더에 입력합니다. 90일에 한 번이 이상적입니다.

실전 적용 예시

청소년 예배 준비: 리뷰 날짜 2025. 8. 1, 측정은 주간 회의록·출석부

대학생 축제: 리뷰 날짜 2025. 7. 30, 측정은 구글 시트

직장인 워크숍: 리뷰 날짜 2025. 9. 1, 측정은 참여자 만족도 설문·업무 시간 기록

교회 여름 수련회: 리뷰 날짜 2025. 9. 15, 측정은 설문지·재정 장부

작성 요령

숫자의 의미: 민수기 1장은 숫자로 백성을 계수해 행진 질서를 잡았습니다. 숫자는 불신의 결과가 아니라 질서 있는 이동의 시작일 수 있습니다.

믿음과 겸손: 믿음으로 목표를 세우고, 겸손으로 숫자를 검증하십시오. 평가는 정죄가 아니라 성장을 위한 도구입니다.

지속적 개선: 90일마다 정기적으로 점검하여 위임 시스템을 개선해 나가세요. 완벽한 위임은 처음부터 이루어지지 않습니다.

08 당신은 누구인가

광야의 지혜 세굴라와 왕 같은 제사장

- ✅ 시내산 언약은 우리를 왕이 아끼는 '보물' 세굴라로 선언했다.
- ✅ 하나님은 모든 성도를 "왕 같은 제사장"으로 불러 예배·중보·축복의 통로로 세우셨다.
- ✅ 거룩한 나라로 구별된 우리는 광야에서도 하늘 문화를 드러내야 한다.

말씀 깊이 묵상하기

핵심 구절

> 너희는 … 왕 같은 제사장들이요 거룩한 나라요 그의 소유가 된 백성이니
> 벧전 2:9

관찰과 해석

"택하신 족속": 은혜로 주어진 신분

"제사장": 사람과 하나님 사이의 다리

"아름다운 덕을 선포": 선포 목적 = 선교

> 나의 광야 노트

자존감 위기 분석

[자존감을 무너뜨린 사건]

- 일시 : _____

- 상황 : _____

- 타격 강도 : ☆☆☆☆☆ (1-5)

- 현재 상태 : _____

핵심 가이드

자존감 위기 사건은 'YYYY.MM.DD-상황' 형식에 따라 구체적으로 기록하세요.

하나님의 보물 세굴라

하나님은 "세계가 다 내게 속하였나니 너희가 내 말을 잘 듣고 내 언약을 지키면 너희는 모든 민족 중에서 내 소유가 되겠고"(출 19:5)라고 선언하셨습니다. 이스라엘이 율법을 받기 전에 먼저 하나님의 '보물 세굴라'라는 정체성을 선포받았습니다. 우리도 자존감 위기 사건을 기록하기 전에 먼저 하나님의 보물이라는 신분을 기억해야 합니다. 사건의 굴레보다 신분의 선포가 먼저입니다.

작성 절차

1. 일시를 YYYY.MM.DD-HH 형식으로 적어 사건을 시간 속에 고정합니다.

2. 상황은 "무슨 일이 있었는가?"를 한 문장으로 기록합니다. 모호한 기분이 아니라 객관적 사건을 써야 합니다.

3. 타격 강도를 별 1-5개로 표시합니다. 한 줄 치열하게 고민한 숫자는 나중에 회복을 측정할 기준점이 됩니다.

4. 현재 상태를 지금 느끼는 생각·감정을 단어 두 개로 요약합니다. "분노·무력", "허무·초조"처럼 감정 낱말로 끊으면 자신을 더 정확히 읽을 수 있습니다.

실전 적용 예시

청소년

2025.04.21-15:20. 반 친구가 단체 카톡방에서 내 발표 영상을 '웃김' 이모티콘으로 조롱. 타격 ★★★★☆. 현재 상태: 분노·굴욕

대학생

2025.03.19-22:05. 면접 탈락 메일 도착. 타격 ★★★☆☆. 현재 상태: 허무·열등

직장인

2025.04.02-10:35. 팀장에게 PT 초안 반려·재작업 지시. 타격 ★★★★☆. 현재 상태: 무력·자책

교회 리더

2025.02.28-18:10. 수요예배 참석 인원 30% 감소 통계 확인. 타격 ★★

★☆☆. 현재 상태: 낙담 · 책임감

작성 요령

신분의 우선성: 출애굽기 19장에서 하나님은 이스라엘 백성에게 먼저 "나의 보물 세굴라"라고 선언하시고, 그다음에야 율례를 주셨습니다. 사건의 굴레보다 신분의 선포가 먼저라는 사실을 기억하며 기록하세요.

객관적 기록: 감정보다는 구체적인 사건을 중심으로 기록하세요. "기분이 나빴다"보다는 "어떤 일이 일어났는가"를 명확히 적어야 합니다.

회복의 기준점: 타격 강도를 정확히 표시하는 것은 나중에 회복을 측정하는 중요한 기준이 됩니다. 정직하게 기록하세요.

2단계 '보물 선언' 실습

[선포 훈련]

1. 장소: _____

2. 시간: _____

3. 선포문: "나는 하나님의 특별한 보물, 세굴라입니다."

4. 감정 변화: _____

핵심 가이드

실습(선포)은 장소와 시간을 명확히 정해 매일 같은 시간에 반복하세요.

세굴라 선포의 능력

하나님이 "너희는 모든 민족 중에서 내 소유가 되겠고"(출 19:5)라고 선언하신 것은 단순한 정보 전달이 아닙니다. 하나님의 말씀은 창조의 능력을 가지고 있어서 선포되는 순간 실제가 됩니다. 우리가 "나는 하나님의 특별한 보물, 세굴라입니다"라고 선포할 때도 마찬가지로 하나님의 말씀이 우리 안에서 새로운 정체성을 창조합니다.

작성 절차

1. 장소 : 방해받지 않는 곳 하나를 고릅니다. 반복 장소는 마음에 '성소 각인'을 만듭니다.
2. 시간 : 일과가 시작되기 전 3분, 혹은 자기 전 3분처럼 하루 고정 시각을 확보합니다.
3. 선포문 : "나는 하나님의 특별한 보물, 세굴라입니다"를 소리 내어 또렷하고 천천히 3번 선포합니다.
4. 감정 변화 : 선포 전후의 느낌을 한 단어로 기록합니다. "두려움→평안" "무가치→따뜻함"처럼 전·후를 적으면 누적 효과가 보입니다.

실전 적용 예시

청소년
장소 : 책상 앞 거울. 시간 : 매일 06:55 등교 준비 직전. 감정 변화 : 굴욕→담대

대학생

장소:도서관 5층 창가 자리. 시간:밤 22:10 공부 마감 때. 감정 변화:허무→의욕

직장인

장소:지하철 창가 자리. 시간:07:40 출근 중. 감정 변화:무력→평안

교회 리더

장소:본당 강단. 시간:새벽 05:25 기도 후. 감정 변화:낙담→소망

> **작성 요령**

성소 각인 효과:같은 장소에서 반복하면 그 장소 자체가 하나님의 임재를 경험하는 특별한 공간이 됩니다. 매일 같은 곳에서 선포하세요.

3단계 제사장 소명 구체화

영역	중보 대상	축복 내용	복음 전략
가족			
이웃			
열방			

> **핵심 가이드**

대상·내용은 한 문장으로, 실행 주기는 월 단위로 설정하세요.

예 이웃, 옆집 할머니(이○○), 건강 회복과 기쁨, 도시락 배달하며 전도카드 전하기

왕 같은 제사장의 사명 : 제사장은 하나님과 사람 사이에 다리를 놓는 역할입니다. 하나님의 아름다운 덕을 선포하기 위해 기도하고, 축복하고, 행동하는 세 가지가 모두 필요합니다.

작성 절차

1. 영역을 세 가지로 고정합니다. ① 가족 ② 이웃 ③ 열방
2. 영역마다 중보 대상을 한 사람(또는 한 공동체) 이름으로 쓴 뒤, 축복 내용을 한 줄로 적습니다. "진로 인도", "건강 회복", "복음 듣고 자라기"처럼 짧게 요약하세요.
3. 복음 전략을 한 문장으로 기록합니다. '기도'만이 아니라 반드시 행동이 들어가야 제사장 사명이 땅 위에 구체화됩니다.

예 "주 2회 10분 전화", "월 1회 도시락 전도", "매주 수요일 모국어로 중보"

실전 적용 예시

*〈표 예시〉(청소년 사례)

영역	중보 대상	축복 내용	복음 전략
가족	엄마(김○○)	새벽근무 체력 회복	밤 10시 엄마 방에서 3분 안수기도
이웃	옆자리 민호	자존감 회복	점심시간에 칭찬 카드 주기
열방	우크라이나 친구 글로리아	전쟁 트라우마 치유	주 1회 영어 챗 기도

청소년

- 가족: 엄마(김○○) - 새벽근무 체력 회복 - 밤 10시에 엄마 방에서 3분 안수기도
- 이웃: 옆자리 민호 - 자존감 회복 - 점심시간에 칭찬 카드 주기
- 열방: 우크라이나 친구 글로리아 - 전쟁 트라우마 치유 - 주 1회 영어 챗기도

대학생

- 가족: 여동생(수능 준비) - 집중력과 평안 - 토요일 저녁 30분 수학 코칭 후 합심기도
- 이웃: 옆방 룸메 지영 - 불면증 완화 - 자기 전 5분 힐링 찬양 틀어주기
- 열방: 네팔 MK(선교사 자녀) - 학비 장학금 - 월 1회 1만 원 헌금

직장인

- 가족: 배우자 - 직장 스트레스 완화 - 아침 출근길 3분 손잡고 기도
- 이웃: 신입사원 민지 - 업무 적응 - 금요일 점심 멘토링
- 열방: 탄자니아 고아원 - 식수 프로젝트 - 월 2만 원 후원 + 매일 격려

교회 리더

- 가족: 장남(군 입대) - 영적 보호 - 매일 21:00 5분 중보 알람
- 이웃: 교구 연로 성도 3명 - 건강·외로움 해소 - 주중 1회 전화 심방
- 열방: 캄보디아 선교지 - 현지 지도자 세움 - 분기별 줌 세미나 강의

작성 요령

제사장의 세 박자: 베드로전서 2장에 따르면 제사장은 "하나님의 아름다운 덕을 선포"하기 위해 선택된 신분입니다. 그러므로 **기도(하늘 연결)** + **축복(선**

포) + **행동(복음 전달)** 세 박자를 모두 기록해야 '다리 놓는 제사장' 역할이 완성됩니다.

구체적 행동: 기도뿐만 아니라 반드시 실천할 수 있는 행동을 포함하세요. 제사장은 하나님과 사람 사이의 다리입니다.

실행 가능성: 월 단위로 설정하여 지속 가능한 계획을 세우세요. 완벽한 계획보다는 실천 가능한 계획이 더 중요합니다.

4단계 **정체성 선언문**

"나는 하나님의 특별 소유, ＿＿＿＿＿＿＿＿을(를) 통해 덕을 선포합니다. 나의 광야 경험이 ＿＿＿＿＿＿＿＿의 간증이 되게 하소서."

핵심 가이드

선언문 빈칸에는 '한 단어'로 요약된 사명이나 영적 키워드를 넣고 선언문 공식에 따라 선언문을 작성해보세요.

선언문 공식

"나는 하나님의 특별 소유, 〈사명 키워드〉를 통해 덕을 선포합니다. 나의 광야 경험이 〈간증 주제〉의 간증이 되게 하소서."

아름다운 덕 선포하기

"그의 아름다운 덕을 선포하게 하려 하심"(벧전 2:9)이라는 말씀에서 "선포는 단순히 말을 하는 것이 아니라 '공개적으로 드러내어 알리는 것'을 의미합니다. 우리의 사명과 광야 경험이 하나님의 아름다운 덕을 세상에 드러내는 도구가 되는 것입니다. 각자가 받은 은사와 사명을 통해 하나님의 성품을 구체적으로 증거하는 것이 왕 같은 제사장의 역할입니다.

실전 적용 예시

청소년

"나는 하나님의 특별 소유, 학교 찬양 인도를 통해 덕을 선포합니다. 나의 광야 경험이 주님의 위로의 간증이 되게 하소서."

대학생

"나는 하나님의 특별 소유, 캠퍼스 제자 양육을 통해 덕을 선포합니다. 나의 광야 경험이 하나님의 공급의 간증이 되게 하소서."

직장인

"나는 하나님의 특별 소유, 직장 선교 네트워크를 통해 덕을 선포합니다. 나의 광야 경험이 하나님의 평안을 증거하는 간증이 되게 하소서."

교회 리더

"나는 하나님의 특별 소유, 다음세대 제자화를 통해 덕을 선포합니다. 나의 광야 경험이 신실하심의 간증이 되게 하소서."

작성 요령

시각적 반복: 선언문을 스마트폰 잠금화면·책상 모니터 하단·새벽기도 묵상 노트 첫 페이지에 동시에 붙이세요. 시각적 반복이 정체성을 뿌리내리게 합니다.

구체적 키워드 : 사명 키워드는 구체적이고 실천 가능한 것으로 선택하세요. 막연한 표현보다는 구체적인 사역이나 역할을 명시하는 것이 좋습니다.

개인적 간증 : 광야 경험을 통해 하나님의 어떤 성품을 경험했는지 구체적으로 표현하세요. 이것이 다른 사람들에게 전할 간증의 핵심입니다.

5단계 미니 프로젝트 3개월 계획

프로젝트	목표	1개월	2개월	3개월	평가

핵심 가이드

3개월 계획은 매달 하나씩 목표를 정하고, 완료 기준을 명확히 적어두세요.

예시

- 프로젝트 이름 : 중보기도 가이드 제작
- 1개월 목표 : 주제별 기도문 4개 초안 완성
- 2개월 목표 : 교정·편집 마무리
- 3개월 목표 : PDF 배포 및 SNS 홍보

> **세굴라 프로젝트의 의미**

하나님은 "너희는 모든 민족 중에서 내 소유가 되겠고"(출 19:5)라고 하셨습니다. 세굴라는 단순한 소유가 아니라 '특별한 보물'이라는 의미입니다. 하나님의 특별한 보물로서 우리는 세상에 하나님의 영광을 드러내는 구체적인 프로젝트를 통해 사명을 완성해야 합니다.

왜 3개월 프로젝트인가? : 출애굽기 19장에서 하나님은 이스라엘을 '보물 세굴라'로 부르신 후, 20장에서 십계명을 주시고, 21-23장에서 구체적인 생활 규례를 주셨습니다.

정체성 선언(세굴라) → 원리 제시(십계명) → 실천 방안(율례)의 3단계 과정입니다. 우리의 3개월 프로젝트도 마찬가지로 **1개월(정체성 확립) → 2개월(원리 적용) → 3개월(실천 완성)**의 과정을 거쳐 하나님의 보물로서의 사명을 구체화하는 것입니다.

> **기대 효과**

1. 정체성 회복 : 자존감 위기에서 벗어나 하나님의 특별한 보물이라는 확신을 얻습니다.
2. 사명 발견 : 막연한 소명이 아니라 구체적이고 실천 가능한 사역으로 구체화됩니다.
3. 영적 성숙 : 개인적 신앙에서 다른 사람을 섬기는 제사장적 삶으로 성장합니다.
4. 지속적 동력 : 3개월 동안 단계적으로 완성해가며 성취감과 지속 동력을 얻습니다.

이것이 바로 왕 같은 제사장으로서 "그의 아름다운 덕을 선포"하는 실제적인 방법입니다.

설정 절차

1. 프로젝트 이름을 사역·소명과 연관 있는 한 단어 또는 짧은 구로 짓습니다.
2. 1개월 목표: 가장 기초 작업 – 초안 작성·대상 리스트 확보·일정 조사등과 같은 시작 단계로 설정.
3. 2개월 목표: 수정·보완·중간 결과물 완성 – 교정·편집 마무리·파일 변환·파일 공유 채널 준비 등.
4. 3개월 목표: 외부 공개·배포·실행 – PDF 배포·SNS 홍보·실제 모임 시작 등.
5. 평가: 매달 '완료 여부 체크 기준'을 한 문장으로 적습니다. '구글 드라이브 업로드 완료', 'SNS 조회수 100회'처럼 측정 가능한 지표가 필요합니다.

실전 적용 예시

청소년

- 프로젝트: SNS 찬양 리메이크
- 1개월: 찬양 4곡 가사·코드 정리 녹음
- 2개월: 오디오 편집·가사 자막 포맷 통일
- 3개월: 인스타 릴스 주 1회 업로드
- 평가: 매 업로드 후 좋아요 30개 이상

대학생

- 프로젝트: 캠퍼스 30일 감사 챌린지

- 1개월: 챌린지 가이드 PDF 초안 완성
- 2개월: 리더 10명 모집·가이드 보급
- 3개월: 참여 후기 설문지 수집·SNS 공유
- 평가: 참여자 100명·후기 30건 수집

직장인

- 프로젝트: 직장인 묵상 팟캐스트
- 1개월: 에피소드 4편 대본·녹음
- 2개월: 편집·인트로·아트워크 제작
- 3개월: 소리 다듬고 배경음악, 썸네일 제작
- 평가: 청취 200회·피드백 메일 10건

교회 리더

- 프로젝트: 다음세대 예배 워크숍
- 1개월: 커리큘럼 3회분 초안 작성
- 2개월: 강사 섭외·포스터·등록 링크 오픈
- 3개월: 워크숍 진행·후속 멘토링 그룹 조직
- 평가: 참가자 50명·만족도 평균 4.5/5

작성 요령

정기 점검 시스템: 캘린더에 월 마지막 주 금요일을 '프로젝트 점검 데이'로 고정하고, 알람을 '세굴라 미션 체크'라고 설정하세요. 반복 알림이 목표를 사명으로 끌고 갑니다.

측정 가능한 지표: 단계마다 완료 여부를 객관적으로 판단할 수 있는 기준을 세우세요. 모호한 목표는 달성하기 어렵습니다.

단계별 연결성 : 1개월 목표가 2개월 목표로, 2개월 목표가 3개월 목표로 자연스럽게 연결되도록 계획하세요. 각 단계는 독립적이 아니라 연속적이어야 합니다.

부록
광야 여정 체크리스트

개인 노트에 〈매일의 말씀 묵상〉, 〈감사 일기〉, 〈워크북 각 단계별 실천 내용〉과 함께 이 〈광야 여정 체크리스트〉를 주마다(주간 점검표) 또는 매월(월간 성장 평가) 기록하며 점검해보세요.

주간 점검표

[이번 주 광야 여정 점검]

- ☐ 매일 광야노트 작성
- ☐ 5분 기도 실천
- ☐ 말씀 묵상 완료
- ☐ 감사 일기 기록
- ☐ 나눔 실천
- ☐ 안식일 준수

월간 성장 평가

[이번 달 성장 지표]

1. 영적 성장 : ☆☆☆☆☆
2. 관계 개선 : ☆☆☆☆☆
3. 사역 열매 : ☆☆☆☆☆
4. 인격 성숙 : ☆☆☆☆☆
5. 비전 명확 : ☆☆☆☆☆

광야 동행자 명단

[함께하는 사람들]

1. 기도 동역자 : _____
2. 말씀 나눔 : _____
3. 사역 파트너 : _____
4. 영적 멘토 : _____
5. 책임 점검자 : _____

광야훈련학교

초판 1쇄 발행	2025년 7월 22일
지은이	지현호
펴낸이	여진구
책임편집	최현수 구주은
편집	이영주 박소영 안수경 김도연 김아진
책임디자인	정은혜 마영애 ㅣ 노지현 조은혜 남은진
홍보 · 외서	진효지
마케팅	김상순 강성민
마케팅지원	최영배 정나영
제작	조영석 허병용
경영지원	김혜경 김경희

303비전성경암송학교 유니게 과정
이슬비전도학교 / 303비전성경암송학교 / 303비전꿈나무장학회

펴낸곳   규장

주소 06770 서울시 서초구 매헌로 16길 20(양재2동) 규장선교센터
전화 02)578-0003   팩스 02)578-7332
이메일 kyujang0691@gmail.com   홈페이지 www.kyujang.com
페이스북 facebook.com/kyujangbook   인스타그램 instagram.com/kyujang_com
카카오스토리 story.kakao.com/kyujangbook
등록번호 1922-2461
since 1978.08.14

ⓒ 저자와의 협약 아래 인지는 생략되었습니다.
이 출판물은 저작권법에 의해 보호를 받는 저작물이므로 무단 전재와 무단 복제를 할 수 없습니다.

책값   뒤표지에 있습니다.
ISBN 979-11-6504-641-5 03230

규ㅣ장ㅣ수ㅣ칙

1. 기도로 기획하고 기도로 제작한다.
2. 오직 그리스도의 성품을 사모하는 독자가 원하고 필요로 하는 책만을 출판한다.
3. 한 활자 한 문장에 온 정성을 쏟는다.
4. 성실과 정확을 생명으로 삼고 일한다.
5. 긍정적이며 적극적인 신앙과 신행일치에의 안내자의 사명을 다한다.
6. 충고와 조언을 항상 감사로 경청한다.
7. 지상목표는 문서선교에 있다.

하나님을 사랑하는 자 곧 그의 뜻대로 부르심을 입은 자들에게는 모든 것이 合力하여 善을 이루느니라(롬 8:28)

Member of the
Evangelical Christian
Publishers Association

규장은 문서를 통해 복음전파와 신앙교육에 주력하는 국제적 출판사들의
협의체인 복음주의출판협회(E.C.P.A:Evangelical Christian Publishers
Association)의 출판정신에 동참하는 회원(Associate Member)입니다.